Model Graphix

ガンダム アーカイヴス

『ガンダム・センチネル』編

月刊モデルグラフィックス編

大日本絵画

MG 1/100
PLAN303E
DEEP STRIKER

Model Graphix

ガンダム アーカイヴス

『ガンダム・センチネル』編

月刊モデルグラフィックス編

'85年に創刊した模型専門雑誌『月刊モデルグラフィックス』には創刊当初より数々のガンプラ作例やスクラッチビルド作例が掲載され続けてきていますが、本書はその膨大な作例群のなかから'00年以降の『ガンダム・センチネル』を題材とする作例をピックアップしまとめたものです。なお、本書内でのガンダム世界考証は模型を楽しむための独自のもので、公式設定を下敷きにしていますがサンライズ公式設定ではないことをお断りいたします。

＊本書では基本的に雑誌掲載当時の記事表記に準じるようにしています。そのため、「本誌」＝『月刊モデルグラフィックス』、「MG」＝マスターグレード、「PG」＝パーフェクトグレード、「センチネル」＝ガンダムセンチネルの略となっています。また、記事中にあるマテリアルやキットに関する表記は掲載当時のものになっているため、現在は販売が停止されていたり名称が変更になっていたり価格が改訂されていたりする場合がありますのでご了承ください（バンダイ ホビー事業部は'18年4月よりBANDAI SPIRITS ホビー事業部へと改編されています）

Contents;

RGM-86R ヌーベルGMⅢ
BANDAI SPIRITS　1/100
インジェクションプラスチックキット
「MG ジム 」改造
発売中　税込1620円
製作・文／**小林速人、東海村原八**（カラーリング／塗装）

Model Graphix
2000年1月号
掲載

『モデルグラフィックス』2000年1月号表紙を飾ったマスターピース、ヌーベルGMⅢを『センチネル』編続刊を記念して再掲載!!

L SPACE FORCE
TRONICS
-86R
OUVEL GM-III

『モデルグラフィックス』では数々の『ガンダム・センチネル』系作例が誌上を飾ってきたが、（もちろん本家の連載を除いて）もっとも記憶に残る作例を挙げるとすると、皆さんならどれを選ぶだろうか？　正直ひとつに絞るのはなかなか難しいのだが、数ある作例のなかでもそのインパクトと後に与えた影響がとくに大きく、いまだにファンの話題に上るものの代表と言えば、この1/100 ヌーベルGMⅢ。MGラインナップが急速に拡充したころである'00年に贅沢にMGを使用してミキシングビルドした本作は、造形、カラーリング、マーキング含めて、優れて『ガンダム・センチネル』的発想とノウハウを体現したものとなっている。掲載誌はすでに絶版、本書刊行を記念して18年ぶりの再掲載をじっくりとご覧いただきたい。

EARTH FED
/ANAHEIM

RG

N

WARNING
48
EFSF CAMBERLAND
141th MSCC
0048

ミキシングビルドで作る 1/100のジム最終進化形

●胴体はMGジム、腕はMG Mk-Ⅱ、脚はMG GP-01をベースに改造している。胸部の特徴的な4連ダクトは上側のふたつを新造。キットパーツのダクトや基本形状を活かすことで、ジムをベースに強化された機体というコンセプトがはっきりわかるようにしている。設定上ヌーベルGMⅢはガンダムMk-Ⅱの簡易量産機という位置づけなので腕部はMk-Ⅱそのまま。脚部外装はGP-01を元にしたが、これはヌーベルGMⅢのカトキ画稿の骨太なラインにGP-01が近かったから。同じカトキデザインの機体だから、ということではなく、フォルムバランス重視で選んでそこから改造している

RGM-86R NOUVEL GM-Ⅲ

EARTH FEDERAL SPACE FORCE /ANAHEIM ELECTRONICS

●本作は小林氏がいったん仕上げたものを東海村がリペイントし、ドットマトリクスパターンで完成させた。このカモフレージュパターンは敵機の画像解析アルゴリズムを欺瞞することで距離などを誤認させる効果を狙った、という想定。理屈はさておき、非常に模型映えする塗装パターンで、ジミめなジム系機体を見映えよく見せることに成功している。やっぱり塗装とマーキングはセンスだね！

◆ドットマトリクススキーム

UC0080年代後半、メガ・バズーカ・ランチャー、ビーム・スマートガンに代表されるような大出力／長射程／高精度なビーム兵器の実用化に伴い遠距離での交戦を想定した各種のカモフラージュ塗装が検討される。そのなかでもとくに、MS搭載の光学系センサーの解像度限界付近でCCDおよび画像認識アルゴリズムを欺瞞することを目的として開発されたのがドットマトリクス・カモフラージュ・スキームである。

運用試験の結果、遠距離での形状認識やエッジ抽出など、MS搭載コンピューターによる自動認識処理などに対して一定の効果が得られたが、パイロットが直接視認する段階ではほとんど役に立たないこと、また、想定されていた遠距離でのMS戦自体が限定的にしか行なわれなかったことなどの理由から全面的な採用には到らなかった。

しかし、このカモフラージュ・スキームで用いられたMS塗装のグラフィカルな処理は、CCDへの欺瞞といった本来の意味を離れてそれ以降の時代のMSカラースキーム、いわゆるスプリッター迷彩やビビッドな幾何学模様迷彩などに間接的な影響を与えることとなった。

◆作例製作の経緯

……とか考えてたりしてねー。ひゃー楽しい!!（笑） 理屈としては、MSのセンサーに使われているCCDのAIが「あれ？解像度おかしくなってる？ オレ？」となって、距離の認識ができなくなる感じを想定して前記のような妄想をデッチあげました。つーこって、今回リペイント＋αを担当させていただいた東海村です。

今回の私のお役目は、「雑誌作例模型としての見映えを増すこと」。まず実際に作例を見せていただいたところ、さすがは本誌随一の実力派モデラー小林速人氏らしい緻密な工作とていねいな塗装仕上げ。色味のバランスもすごく適切で（ここがちゃんとできる人は意外と少ない）、見れば見るほど「え〜、このままでいいじゃないですか！」だったんですが、編集部いわく「いや、たしかにそのとおりなんですけどね。ていうかガレージキットの完成見本だったらこれで完璧。でも模型雑誌の作例って、あるでしょなんかこう、なんつーか、ケレン味とかハッタリとか。そのへんの塩梅を盛ってください……ていうか、やれ！ アナタの存在意義、そこにこそあるんだから!!」だとさ（笑）。はい、やらせていただきますとも。

◆元ネタについて

ちょっと前の戦車雑誌で見かけたスウェーデン陸軍の迷彩パターンが、昔のコンピューターの画面っぽい洗いドット状の塗り分け（色はグリーン系の3色）。これがデジタルっぽくてオモシロイなー、と思ってまして、なんかあったらこれを使おうと「心の引き出し」に締まっておいたのをひっぱり出して今回の塗装に応用してみました。

◆リペイント

実際の作業としては、いいカンジの元塗装を活かしてマスキングテープの小片をチマチマ貼り込み、その上から明度や彩度を上げた色をオーバースプレーしていきます。

サーモンピンクのところには、もともとエアブラシで褪色表現のタッチがつけられていたので、新しく吹き重ねていく色が浮き上がって見えないように、エナメル系塗料の白っちゃけたピンクでウォッシングして調子をつけてあります。グレーのところも調子を揃えるべく茶色系のエナメル系塗料を使ってちょっと派手めに汚し表現を入れるようにしています。

マーキングと各種コーション類はアルプス電気のMDプリンターで印刷して自作しています。以前の記事でも再三言われてきたことですが、このプリンタのインクはエナメル系うすめ液で溶けます。普通のデカールのように先にデカールを貼ると具合が悪いので、先にウォッシングをしてから自作デカールを貼るようにしています。

◆蛇足

いまにして思えば、なくてもよかったなー、なんですが、迷彩と自作デカールだけ

RGM-86R NOUVEL GM-III

EARTH FEDERAL SPACE FORCE
/ANAHEIM ELECTRONICS

●頭部は部分的にMGジムのパーツをベースに、ほぼパテでスクラッチビルド。奥行きのある独特な形状を見事に立体化している
●頭部やミサイルポッドの赤いカバーは非戦闘時用のカバーを想定
●下がリペイント前の作例。いったんここまでできあがったところからその上にリペイントを施している

では役不足か？　と不安になったのでカバー類を追加で作りました。飛行機のエアインテークにフタをするカバーが元ネタです。当然出撃前にはクルーが外すので、お約束の「REMOVE BEFORE FIGHT!」の文字も。理屈で考えると胸ダクトとかカバーすべきところがいっぱいあるのですが、いちばん簡単で表情を変えられるメインカメラをカバー。塗装が終わっている頭部をマスキングテープでグルグル巻きにしてそこにポリエステルパテを盛って作りました（乱暴）。腰と肩のミサイルポッドは装甲シャッターと解釈されているパーツを赤くしています。

リペイントのもうひとつのネタとしてはコームノイズをモチーフにした「くし状」パターンがありました。動画から未来位置を解析するアルゴリズムを欺瞞するパターンというネタだったのですが、こまかい櫛の歯模様を塗る方法が思いつかず断念。いずれできたらやってみたいですね。

（東海村原八）■

ジムとMK-Ⅱ、GP01のミキシングビルド！　リッチなモデリングになっています。マスターグレードはシリーズとしての統一感が魅力ですが、これってミキシングビルドの材料としてもとても便利なんですよね。ただし注意しないといけないのは、なるべくキットのパーツを活かすこと。あくまで手軽に短時間で楽しめるのがミキシングビルドのよいところですから。今回のヌーベルGMⅢの場合は、ミサイルポッドや頭部などどうしてもスクラッチビルドしなければならないところもありますが、脚、胸、肩などはキットを活かせそう。設定画をよく見ながら、どのパーツが使えるか決めていきます。なお、パーツ選びのときに注意するのが、設定画を読み込み過ぎないこと。フルスクラッチビルドするなら話は別ですが、ミキシングビルドでは思い切った割り切りや、思いつきを一気に形にする勢いが必要です。似ているパーツを寄せ集めた再構成を気軽に楽しみましょう。

◆頭部

まずカメラ部分をポリエステルパテで作りますが、ここを最初に作るのがポイント！あとでアゴと額がつくことを想像しながらきれいなアールに仕上げておきます。後頭部はMGジムのパーツから製作。カメラ部と接着してから、アゴと額などをポリエステルパテで製作。ところで、ヌーベルGMⅢの頭部デザインって立体把握しにくいと思いませんか？　今回は正面図／側面図のラフを何パターンか描いてみましたが、なかなか納得がいかず苦労しました。最終的には『センチネル００７９』のジムを意識する方向でまとめています。簡単に言うと、前後を長めに、左右を狭めにします。

◆胴体

基本はMGジムです。増加装甲はMG M

RGM-86R NOUVEL GM-Ⅲ

EARTH FEDERAL SPACE FORCE
/ANAHEIM ELECTRONICS

●肩のミサイルポッドのハッチ（カバー）は差し替え式で弾頭が見えた状態も再現できるようにしている。組みつけてしまうとちらっとしか見えないフレーム構造も作り込まれている
●腰のミサイルポッドはMG GP01のシールドを芯にしてポリエステルパテでスクラッチビルドしている。ミサイル弾頭部はシーカーをイメージしたディテールとした

K-Ⅱの胸パーツから製作。上側を切り取って、ポリエステルパテで強引に取り付けています。ダクトはポリエステルパテからの削り出し。すぐ下に位置するキットパーツのダクトとなるべく違和感が出ないように注意しながら作ります。製作手順は、まずアウトラインをしっかりと削り出し、次にダクトのフィンを彫り込みます。このとき両サイドの仕切りは気にせず突っ切るようにします。デザインナイフの刃幅はフィンより広いので、まずはフィンをきれいに仕上げてからパテを盛り直して仕切りを仕上げればOK。一度にすべての彫刻をきれいに行なうのは難しいので、製作手順を整理し分けて進めるようにすることで効率よくきれいな部品ができあがります。コクピットハッチはMG MK-Ⅱのものをそのまま使用し、サーベルラックから生えているチューブはガラスチューブに変更しています。

スカートはMGジムから、サイドスカートの張り出しはMG MK-Ⅱから移植。腰のフレームはMG GP01のパーツを使用しています。ここのポイントは股関節の処理。ハの字にすることで画稿の立ち姿、いわゆる「カトキ立ち」を再現できるよう意識してみました。工作は、ボールジョイントの股関節を根元で切断し、くさび形のレジンブロックを挟んで再接着しています。言葉にすると簡単ですが、強度が必要なところなので、継ぎ足す部分には真ちゅう線を通してしっかり接着するなど工夫が必要です。

◆腰部ミサイルランチャー

腰のミサイルランチャーはMG GP01のシールドを芯にしてポリエステルパテで製作。ミサイルは本体部分を肩のもの同様旋盤で削り出し、うしろ半分はプラ棒の組み合わせから削り出しました。パーツごとに複製して数を揃えています。

◆腕、脚

肩はMG MK-Ⅱのパーツを切った貼ったしています。マルイチモールドはコトブキヤのアフターパーツを使用。腕はMG MK-Ⅱのままです。ミサイルポッドは、大きさがちょうどよかったのでMGジムのバックパックを芯にプラバン＋エポキシパテで製作。センサー部分はMG GP01のパーツを使用しています。後方のフィンは、悩んだすえこのような表現にしてみました。構造的にはこうではないと思うのですが、模型としての間は持っているのでよしとします。肩のミサイル発射口は開閉を差し替えで再現し、ミサイルは旋盤で削り出したものを複製して数を揃えました。

大腿部はMG GP01のパーツを使用。スネはMG GP01のフレーム&裾部分、ふくらはぎとヒザはMG MK-Ⅱを使用し、ヒザの追加部分はプラ板工作です。足首は基本的にMG GP01ですが、足甲はMG MK-Ⅱのパーツを移植してポリエステルパテでラインを繋げています。足首全体に高さを低くし足首フレームを後方に移動、つま先とかかとの距離は若干短くしています。

◆武器

ビーム・ライフルはMG MK-Ⅱのもの、シールドはMGジムのパーツから黄色い十字を取り去ってMG MK-Ⅱのアタッチメントを移植しています。ヌーベルGMⅢは設定ではMK-Ⅱのシールドを装備していることになっているようですが、ジムにはこの形のシールドがよく似合います。

◆マーキング

マーキングはデカールを自作しました。資料はもちろん別冊『ガンダム・センチネル』。パソコンで版下を製作し、アルプス電気のMDプリンターでクリアーデカールに印刷しています。その印刷能力はたいしたもので、特色のインクリボンが威力を発揮します。とにかく、自宅でデカールが作れるのはいいですね。

◆最後に

今回とくに活躍したのが糸ノコ。キットパーツから必要な部分を切り出すのに重宝します。ちなみに、プラスチックを切るときは刃が薄すぎるとすぐに熱で溶け刃がくっつくので注意が必要です。（小林速人）■

EARTH FEDERAL SPACE FORCE/
CORE FIGHTER SERIES BOOSTER PLAN
FXA-08GB[Bst]Ex

CORE-BOOSTER EXTENDED "0088"

1/100 MG DEEPSTRIKER's BOOSTER UNIT based.
Modeling by KuWa

いまだからできるミキシングビルドと力技の高次融合体

1/100 コア・ブースター・エクステンデッド

コア・ブースター・エクステンデッド
1/100　ミキシングビルド
出典／『ガンダム・センチネル』
製作・文／**KuWa**
(FRAME OUT MODELS)

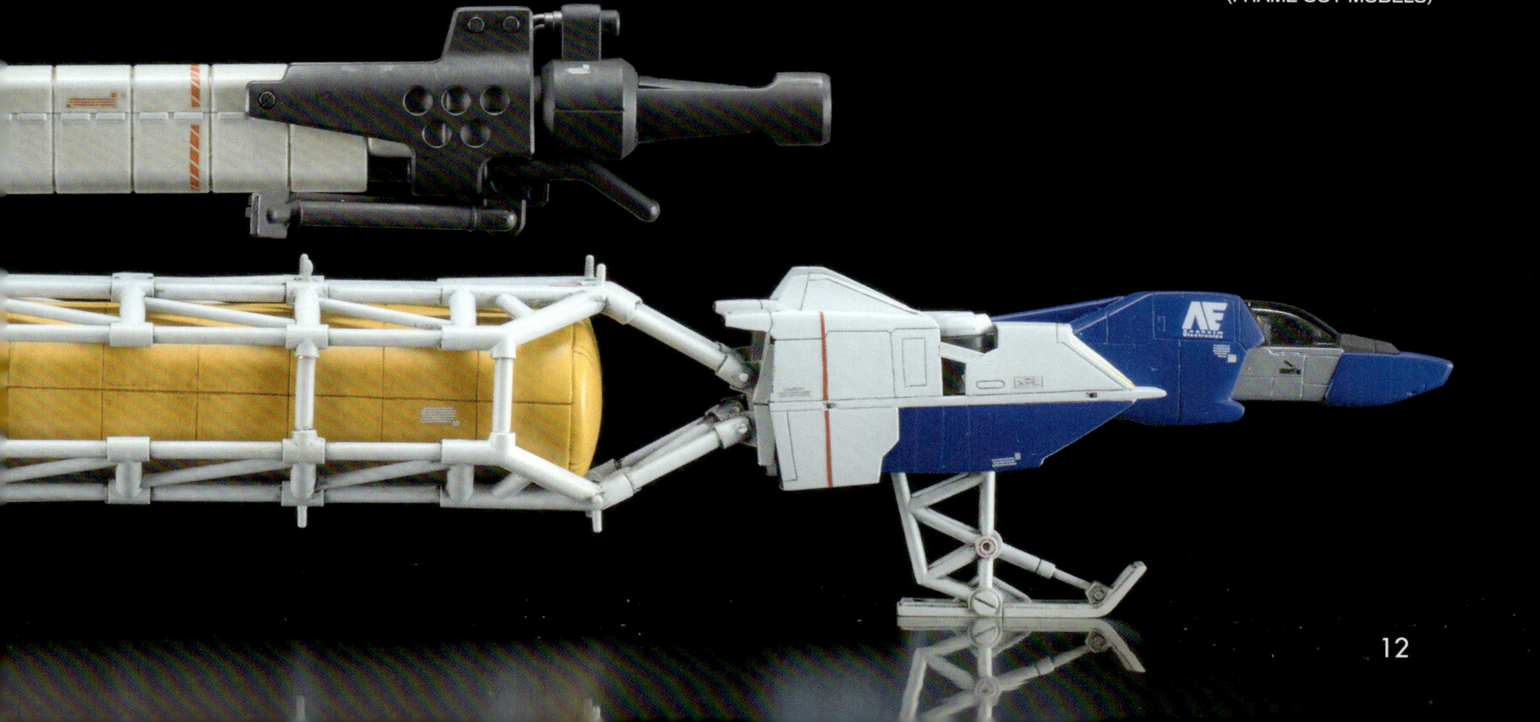

1/100ならではの迫力とリアリティ
『ガンダム・センチネル』より愛を込めて

●螺子頭ボンド氏が製作し、単行本『ガンダム・センチネル』にも掲載されたコア・ブースターの作例は1/144スケール。本作例は1/100、かつてない大型サイズでの立体化となる。単純にサイズアップしたぶんディテールも潤沢に入れ込むことができるため、その迫力とディテールの鮮明度はさらにすさまじいものとなっている●MGディープストライカーのブースターとMG Ex-SガンダムのGコアをゲージにすることで、トラスの寸法や全長を算出。トラス部は真ちゅうパイプと3Dプリンタで出力した継ぎ手を組み合わせて強固に固定、持っても崩壊しない頑丈なモデルとなった

Model Graphix 2018年7月号 掲載

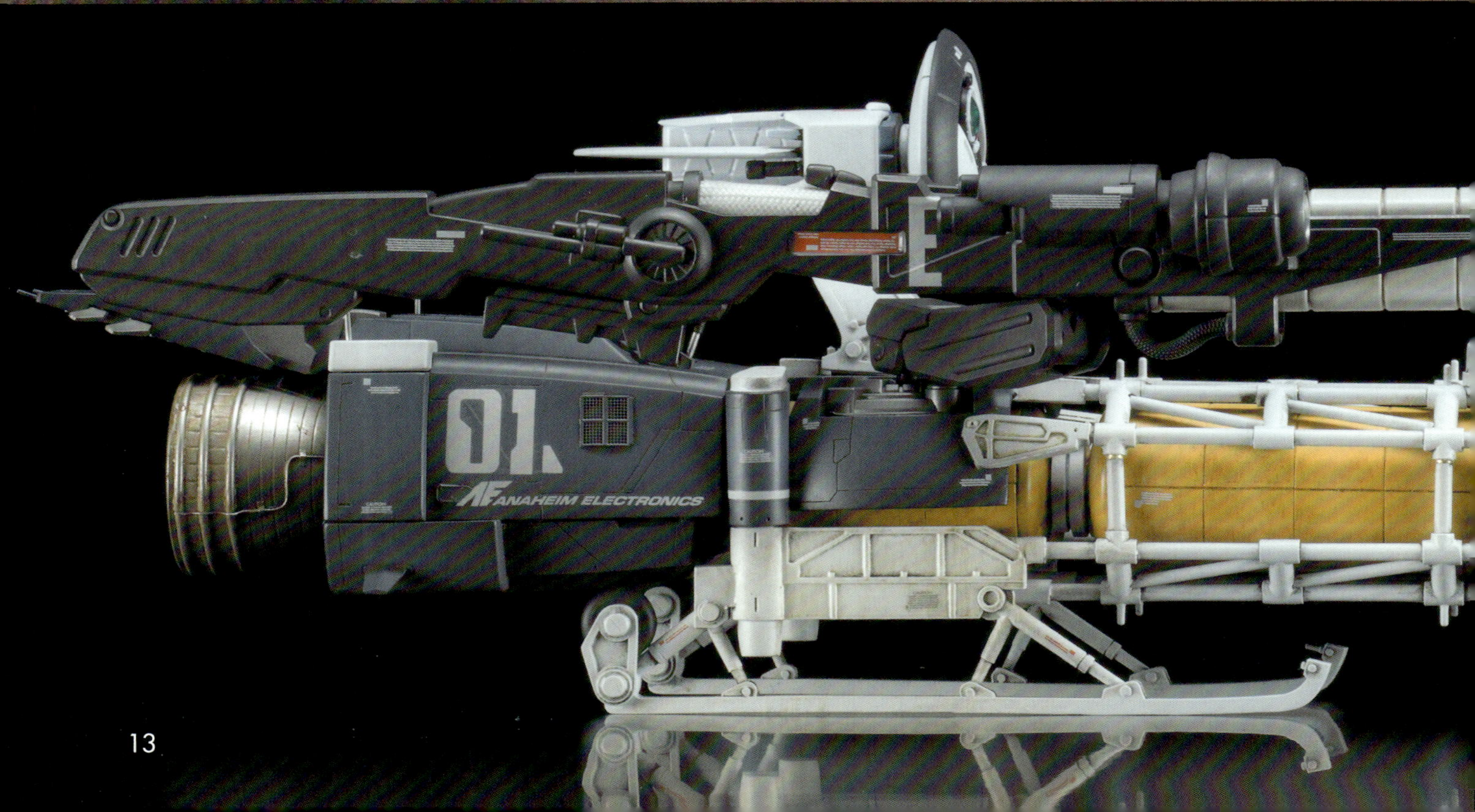

EARTH FEDERAL SPACE FORCE/
CORE FIGHTER SERIES BOOSTER PLAN
FXA-08GB[Bst]Ex

CORE-BOOSTER EXTENDED "0088"

1/100 MG DEEPSTRIKER's BOOSTER UNIT based.
Modeling by KuWa

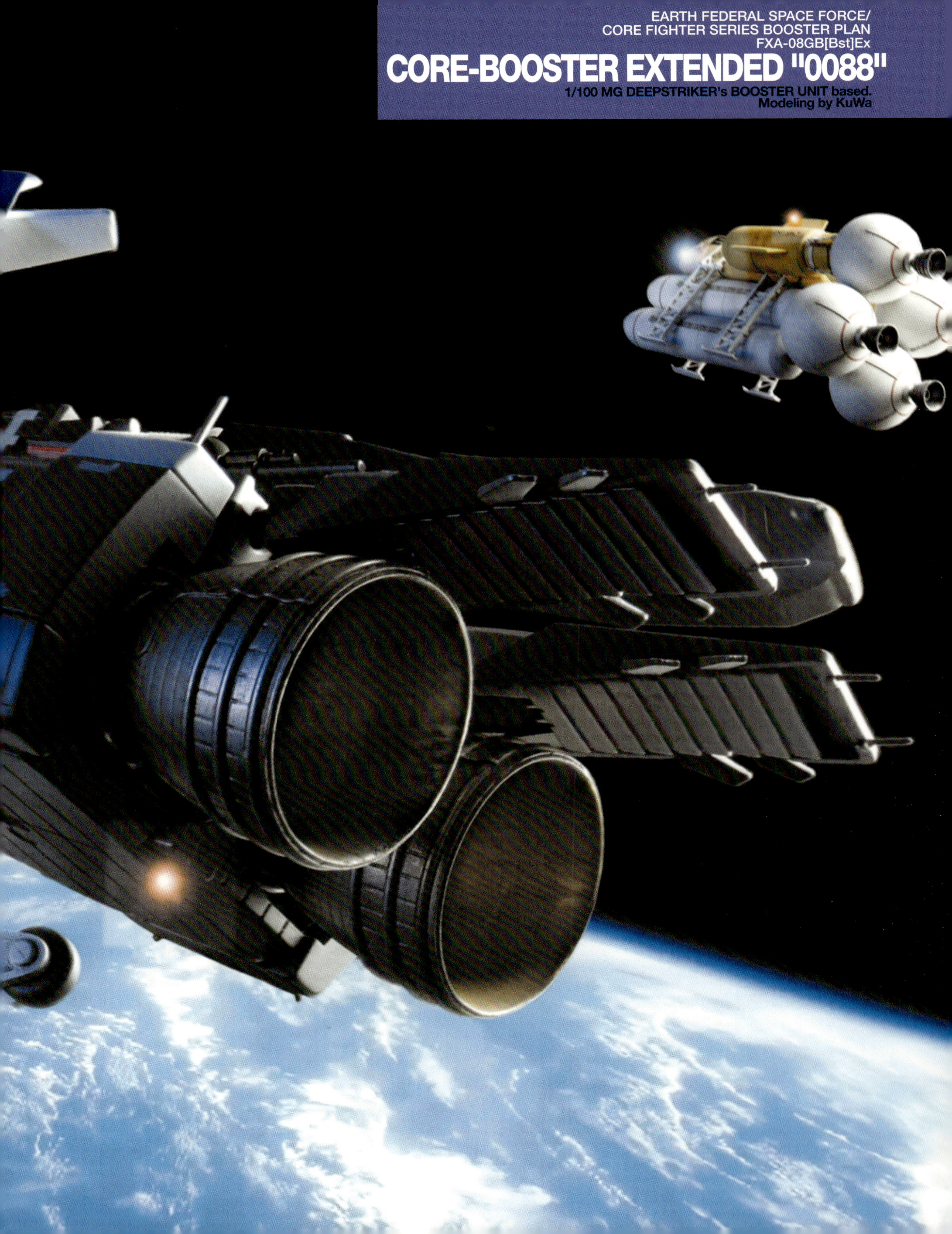

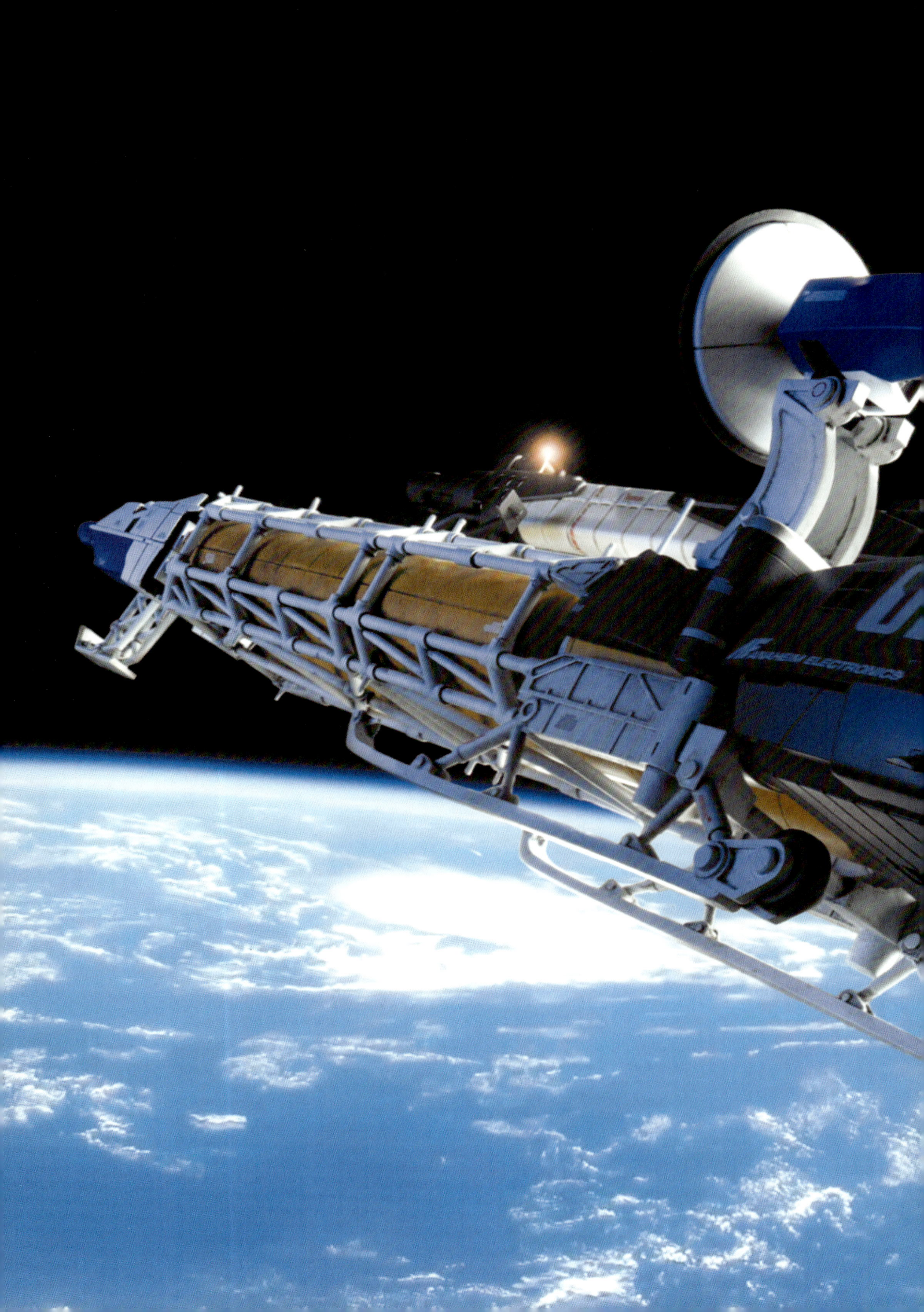

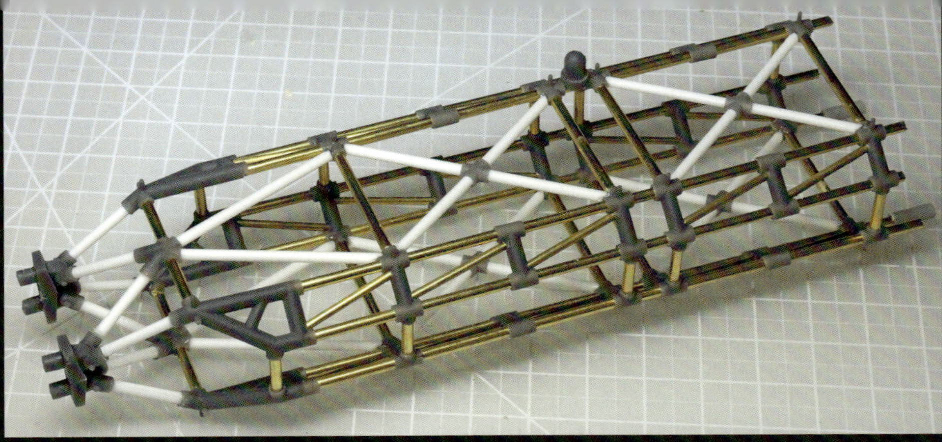

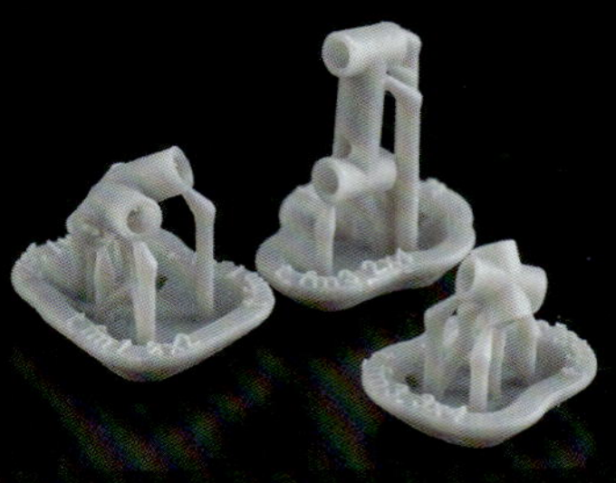

●パーツ流用では作れない特徴的なトラス構造は、デジタルモデリングで継ぎ手を作ってパイプを組み合わせて製作。工作の手間を省きつつリアルでシャープな形状を再現している。金属パイプを使用しているのでかなり頑丈に組み上げることができる

●本作例は、MGディープストライカー、MG Sガンダム、MG ゼータプラスなどを使ったお大尽モデリングで製作。トラス以外の基本ユニットは流用パーツで構成できるが、スキッドプレートやレドームのアームなどは自作し、さらに細部のディテールを作り込んでいる。今回はMG Sガンダムブースターユニット装着型に付属する速射タイプのスマートガンを載せてみることにしたが、ゴツいフォルムが最高にカッコいい！

MGディープストライカーをしゃぶり尽くしたいなら
ブースターユニットを使ってコレを作るしかない!

1/100 コア・ブースター・エクステンデッド

MGディープストライカーで新設計となったブースターのパーツ。折れ曲がる構造を再現しディテールもより細かくなったこのパーツを使って、トラス構造と長いボディが“リアル”でカッコいいコア・ブースター・エクステンデッドを力技でミキシングビルド。そのデザインの魅力と1/100という大サイズならではの迫力をご堪能あれ！

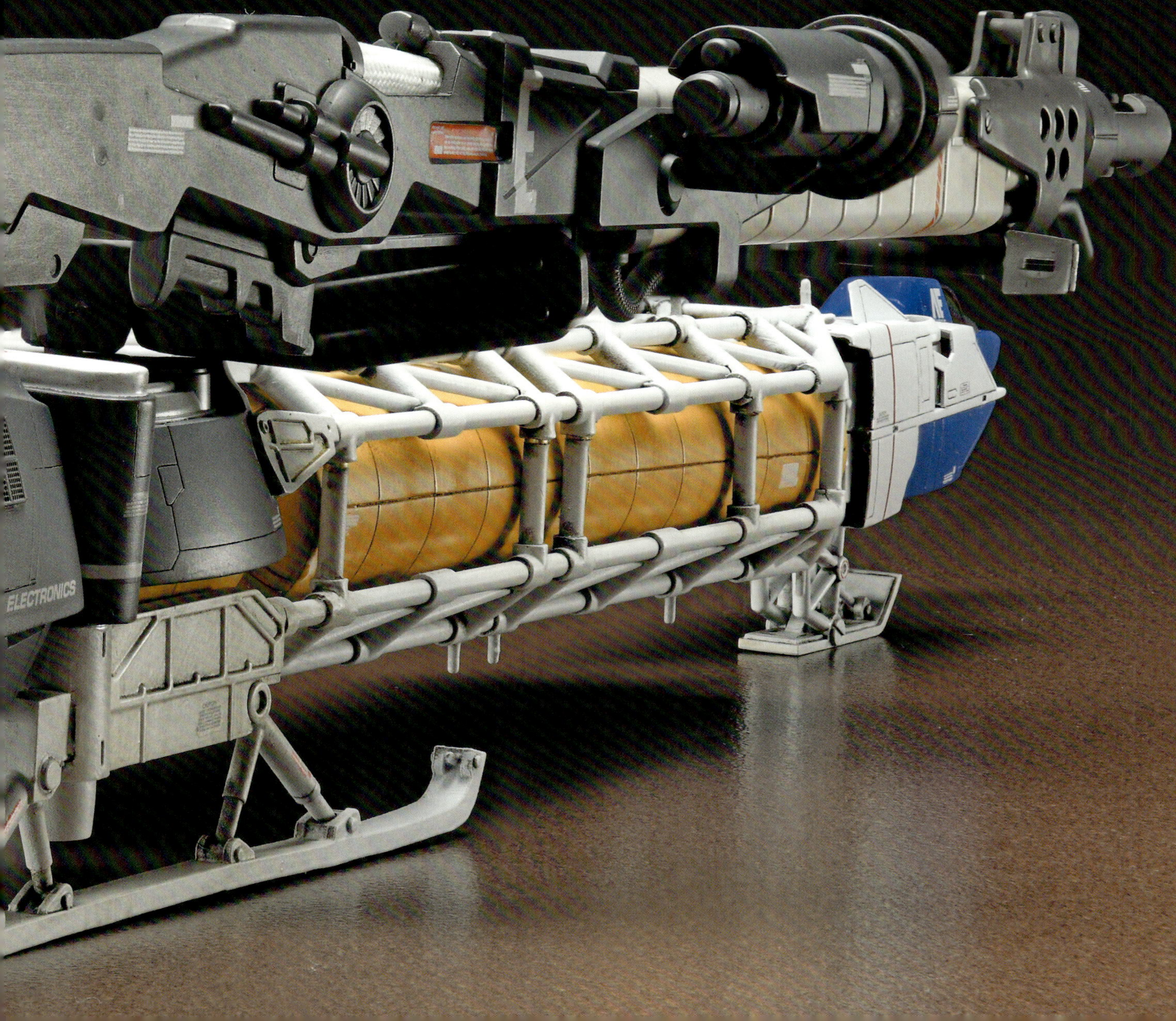

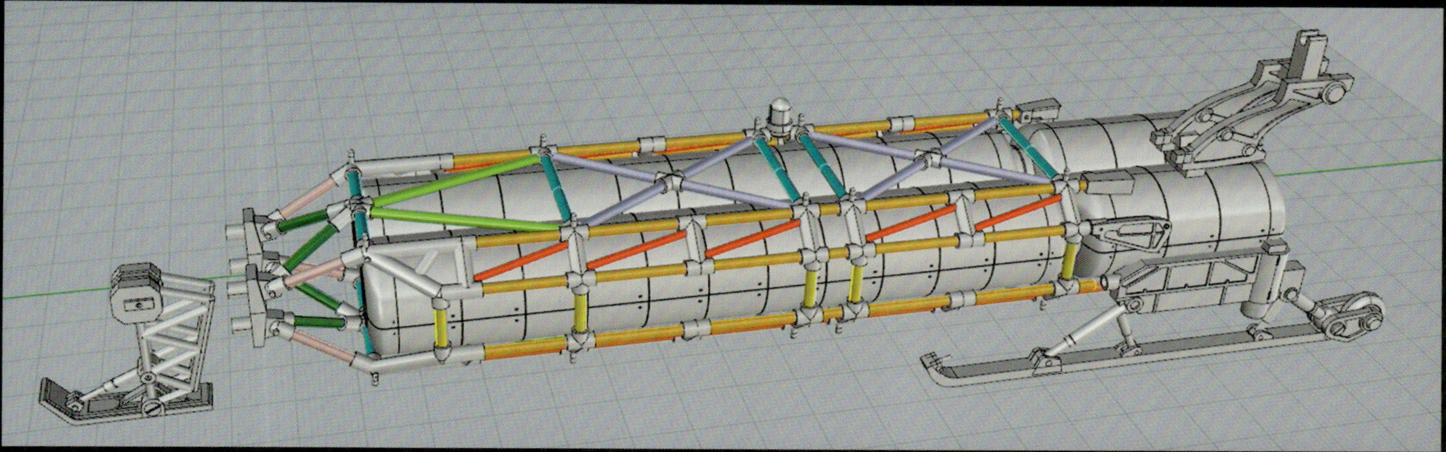

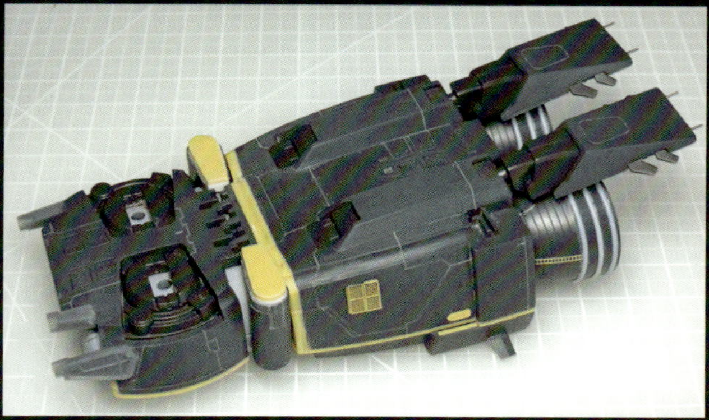

●流用パーツの寸法を元にデジタルモデリングでトラス部を設計。タンクはHGUC94式ベースジャバー（あるいはフルアーマーユニコーンガンダム）のタンクパーツを計4本使用している
●ブースターユニットはMGディープストライカーのパーツを使用しているが、フォルムやディテールなどに徹底的に手を入れた

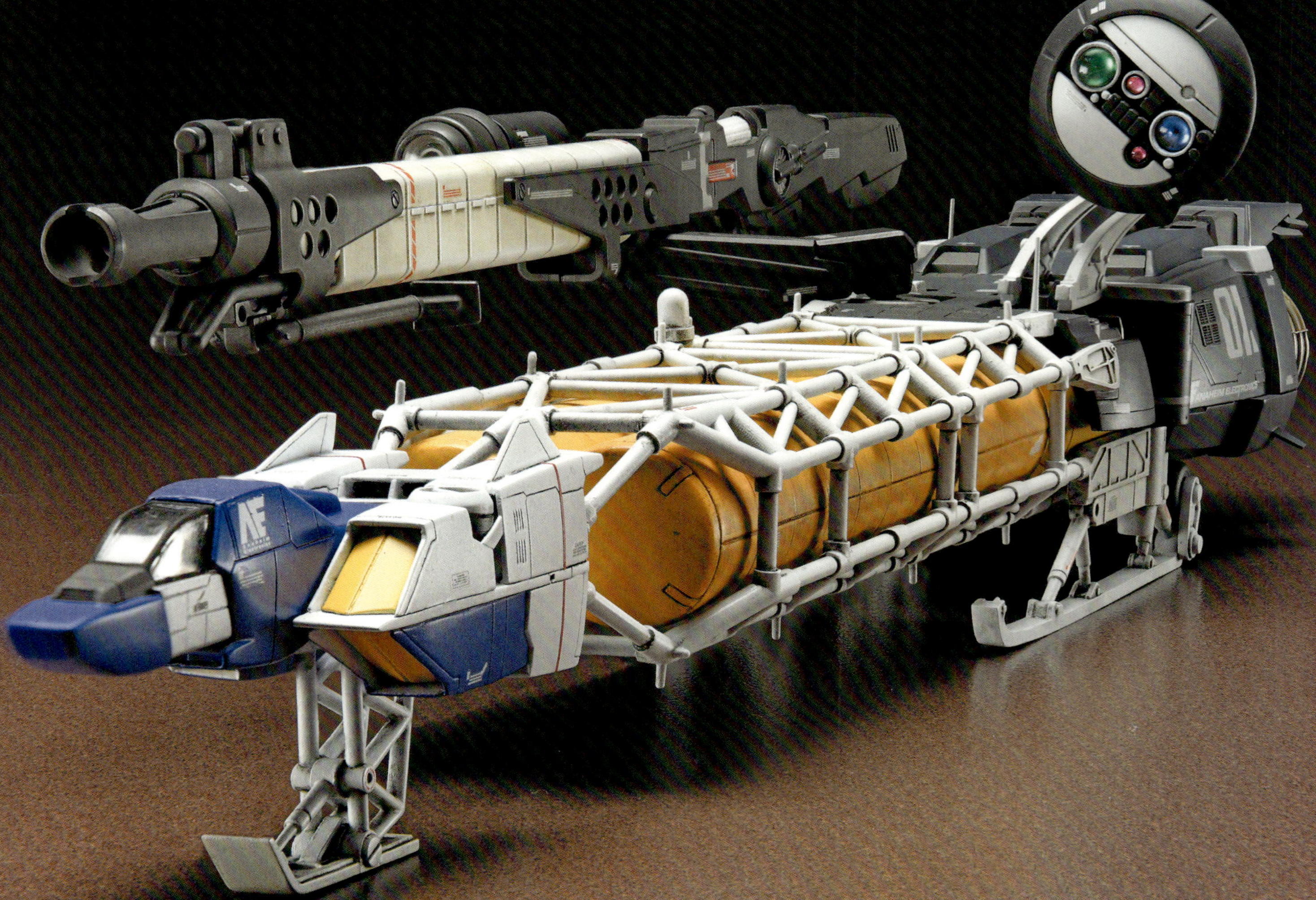

EARTH FEDERAL SPACE FORCE/
CORE FIGHTER SERIES BOOSTER PLAN
FXA-08GB[Bst]Ex

CORE-BOOSTER EXTENDED "0088"

1/100 MG DEEPSTRIKER's BOOSTER UNIT based.
Modeling by KuWa

●1/100だと余裕で全長30㎝オーバーでかなりの迫力。本作では大きさに負けない作り込みとマーキングを施すことで、別冊『ガンダム・センチネル』掲載作例を超える見映えを目指しているが、流用パーツと自作箇所のマッチングも含め、非常にレベルの高い仕上がりとなった
●GコアはMG Sガンダムのパーツを流用した。大気圏内タイプの画稿を参考にしてディテールや形状に手を入れている。スキッドプレートは自作

01
ANAHEIM ELECTRONICS

コア・ブースター・エクステンデッド
1/100　ミキシングビルド
出典／『ガンダム・センチネル』
製作・文／**KuWa**（FRAMEOUT MODELS）

これぞ『ガンダム・センチネル』——
ガンプラ的リアルの極致

コア・ブースター・エクステンデッドを作る

MGディープストライカー発売に合わせた巻頭特集用にと、1／100コア・ブースターエクステンデッドを製作しました。Gコア、ブースター、武器やレドームは既存のパーツを集めれば良い形状のパーツが揃うので、メインのスキッド、トラスさえ作ればなんとかなる。トラス部はどのみち大変なので、継ぎ手を3Dプリンタで製作する方法を採りました。継ぎ手は真ちゅう線を貫通するように設計し、実物さながらの組み立てができるようにしています。

◆Gコア

MG Ex・S付属のGコアは出来が良いのでそのまま使えますが、大気圏内タイプの画稿のディテールを参考に、より航空機らしい雰囲気が出るようにエッジをコントロールしてバランス調整しています。

全体として平面的になるよう側面を削り込み、双胴後端はプラ板で延長。インテークや後端など、パーツの断面が見える場所は全てギリギリまで薄くしました。

中央のファンは切り取って下部に7・9㎜のエバーグリーン製プラパイプで独立化。上部垂直翼は0・5㎜プラ板で新造。インテーク部は好みで上下とも大気圏内仕様のような閉じた形状に変更しています。

◆タンク

HGUCの94式ベースジャバー、もしくはフルアーマーユニコーンガンダムのタンクを計4本使って加工。くわしくは写真と解説を参照してください。

◆ブースター部

前方の丸い部分は、上部両端をカット。左右の可動ギミック基部は天面の白い部分が薄く感じたので1㎜プラ板で高さ増し。なかには新規のタンクが入るのでギリギリまで内部構造を削っています。

後方部分は前方と噛み合うギザギザを一度カットし、前方で2㎜延長して大型化、下部も1㎜高さを足しました。

ノズル上部の偏光パネルには二本の0・5㎜金属棒を刺して小さい板は根本に切込

●使用キットはMGのディープストライカー、Ex-Sガンダム、SガンダムBstユニット装備型、ZプラスC1、HGUCのフルアーマーユニコーンガンダムふたつぶん（これは94式ベースジャバーでも可。現在入手困難だけど……）。合計金額はえ～っと……たったの5万976円！　モデルグラフィックス63冊分くらいです

MGディープストライカーの新規パーツのなかでもとくに泣けるのが新設計のブースターユニット。我々は「真ん中で折れ曲がる」出来がいいブースターユニットをおよそ30年待ち続けてきた。そして「出来がいいブースターユニットがあったら一度はやってみたい！」のが、Ex-Sガンダムはもちろんとして、ハミングバードとコア・ブースター・エクステンデッドではなかろうか。Gコアバリエーションのなかでももっとも異形かつもっともSFメカっぽさに溢れた本機には、『ガンダム・センチネル』的なリアルが凝縮されている。そこで、流用パーツを贅沢に使ってコア・ブースター・エクステンデッドを1/100でミキシングビルド。自作パーツの図面もたっぷり掲載しているので、ぜひ作ってみてね。

▶ディスク・レドームは基部を形状がいいMG Ex-Sガンダムから、本体はサイズが大きいMG ZプラスC1から流用。センサー部はリューターでえぐってウェーブのHアイズを取り付けている。接続フレームは図面や右記モデリング画面でもわかるとおり、湾曲させて外側にオフセットする形とし、窮屈さをなくした

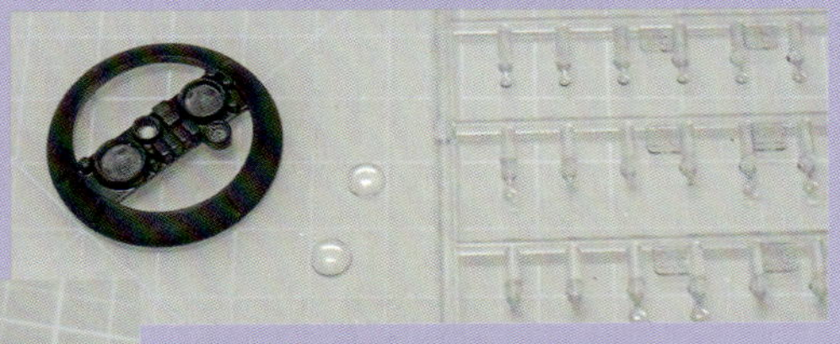

◀▼コア・ブースター・エクステンデッドの視覚的な最大の特徴は長大なトラスフレームだが、まずはそのなかに収まるタンクを作る。これはHGUCフルアーマーユニコーンもしくは94式ベースジャバーのプロペラントタンクを計4本用意し、長いほうは流用パーツの両端を切り落とし、別のタンクから3節ずつ持ってきて延長。短いほうは3節のみを使って用意する。ドーム部は複製して数を揃えた

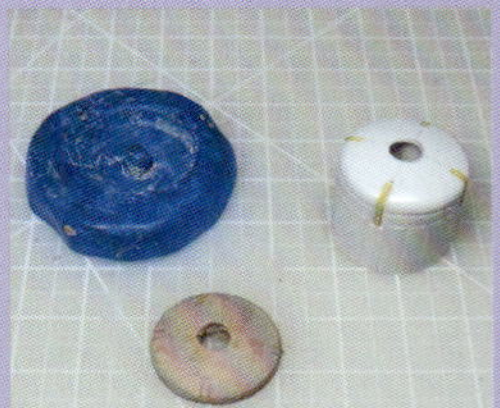

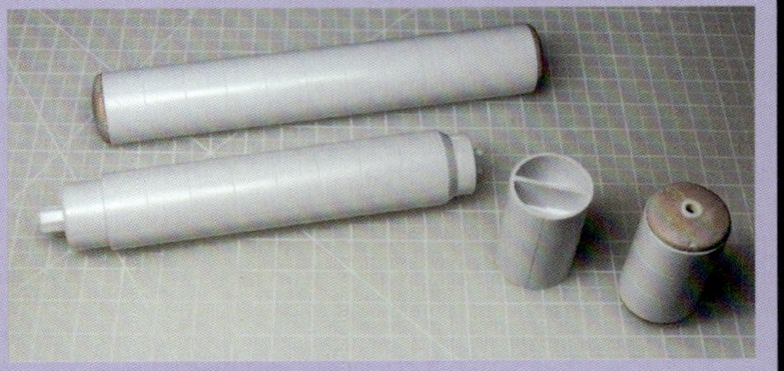

◀ブースターのバーニアとその基部は流用パーツでそれらしくデコレート。配管を追加すると一気にリアルになる
▼Gコアはsガンダムのパーツを元に製作。大気圏内用を参考に全体のディテールとフォルムに手を入れている

▶ブースターはディープストライカーの折れるパーツを使う必要はないのだが、未加工でも前後に分割できたりと今回の工作に適していたので使用（贅沢！）。前半分は上部両端をカット、裏側はタンクが収まるように削り込む。トラスフレームの基部は3Dプリンタ製の自作パーツをエポキシ系接着剤でガッシリ固定。後方はギザギザをカットして2㎜延長、下部でも1㎜高さを足した

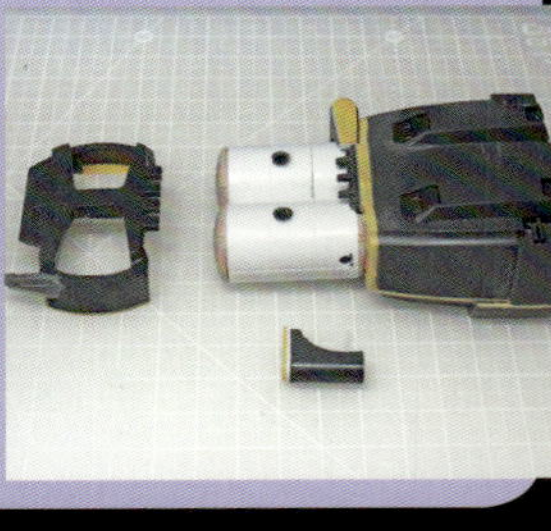

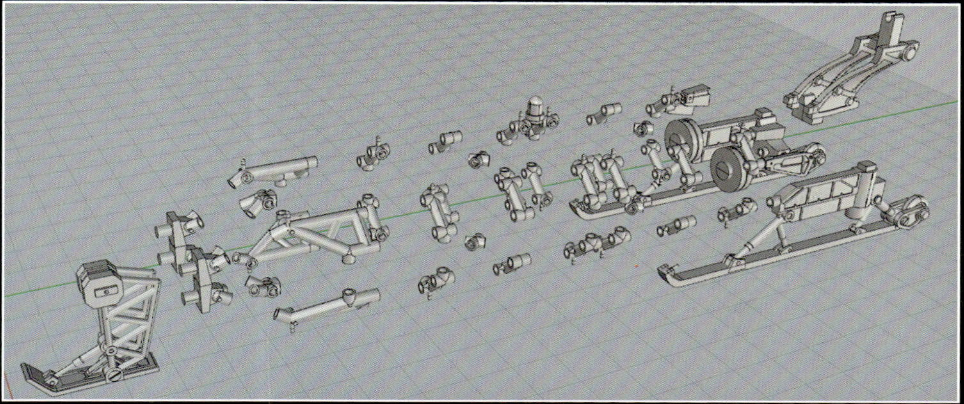

◀流用パーツ以外の自作部分はざっとこんなところ。こうやって見るとかなりパーツが多いようだが、パイプ継ぎ手は共用のものが多いので実際に設計するパーツ数はそれほどでもない。今回はこれらのパーツを3DCGでモデリングし、3Dプリンタで出力して真ちゅう線をつなげていくことで複雑なトラスフレームを製作することにした。こうすることで正確かつ頑丈に作れ、同時になるべく手間を削減することができる。23ページに掲載した図面を元にすれば作例サイズの型紙になるのでマネしたい人は参考にしてみてほしい

みを入れ、斜めに角度をつけることでより立体感が出るようにします。

ノズルはよくできていますが、もう少しSF感と立体感を出すべく、サターンロケットなどを参考に冷却管を追加しました。

ウェーブのプラ＝材料の半丸棒1㎜に軽くツメでしごいてソリをつけ、パーツに沿わせてから流し込み接着剤を少量ずつ流していくようにすれば、折れたり割れたりすることなく簡単に管を追加できます。

◆トラス

本機のトラス構造は、いちばんの目玉にして誰もが尻込みするであろう工作ポイント。昔なら真ちゅう線をハンダ付けして作る以外思いつかなかったのだけれど、今回は継ぎ手部分のみ3D設計→3Dプリンタで出力、それを2㎜真ちゅう線、2㎜プラ棒でつないで再現することにしました。約22㎜のプロペラントタンクが内部に収まるよう全体を3DCADで設計し、2㎜真ちゅう線を通すことを考えて内径2㎜、外径3㎜の継ぎ手を作成。Form2で出力しています。図面やスクリーンショットも掲載したので、そちらも参照ください。

◆まとめ

贅の限りを尽くすことになってしまったミキシングビルドとなりましたが、現在入手困難な速射型スマートガン、MG Zプラスのレドーム、MG ディープストライカーのブースターはエクストラパーツなので、じつのところMG Ex･Sガンダムがあればユニットはだいたい揃います。肝心のトラス部分が大変そうに見えますが、内径Φ2㎜、外径Φ3㎜の円筒の組み合わせの継ぎ手を作ればよく、CADでも基本的な機能のみで作れると思います。3DCADソフトはfusion360や、Tinkercadなどの無償ソフトも充実、3D出力もDMMなど業者に依頼できますので、ハードルは下がりつつありますので興味がある方は一度触れてみてはいかがでしょうか。新造パーツは図面を掲載しましたので参考にしてチャレンジしてみてください。■

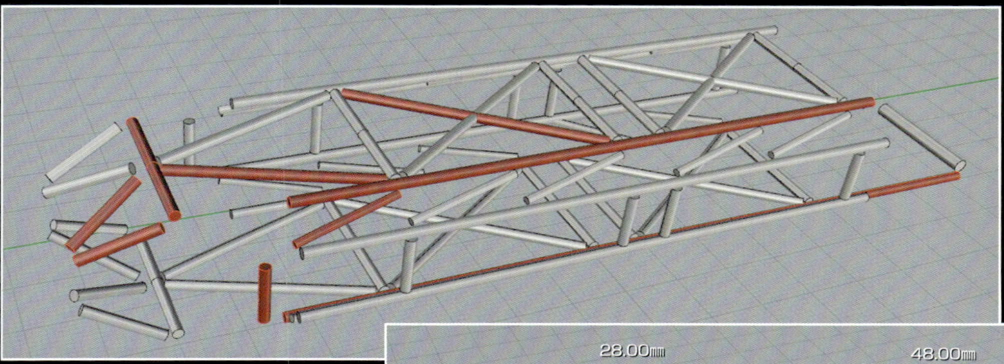

◀Gコア部分とブースターユニットを繋ぐトラスフレーム。今回はこのフレーム部のそれぞれの継ぎ手と、スキッドを 3DCGで 製 作。3Dプリンタ「Form2」で出力して製作していく。こちらの画像では表示されていないが、タンクもモデリングすることで正確な計測が可能になっている

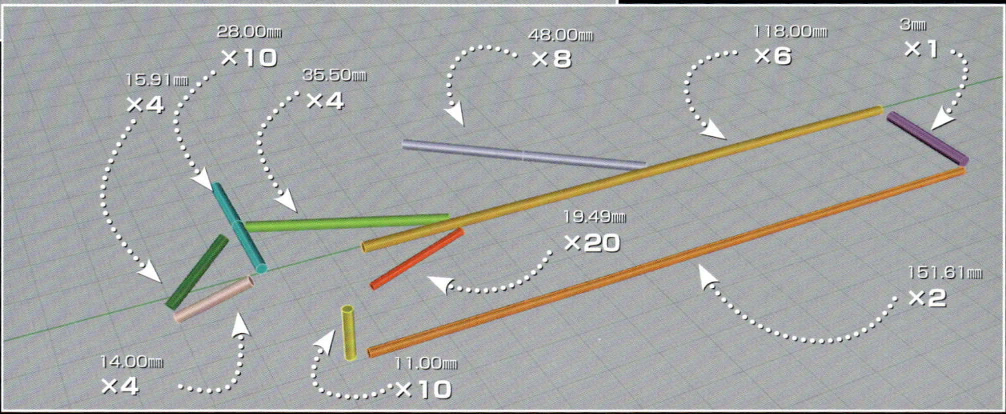

▶フレームのロッド部も「どの長さのものが、その場所に、何本使われているか」を3Dモデリングソフト上でシミュレーションすることでスムーズに用意できる（それでもこの数を切り出すのは骨だが）。比較的単純な構成の外側は真ちゅう線、あいだのクロスする箇所やGコアとの接続に用いられる前部についてはよりシビアな調整が求められるため加工性に優れるプラ棒を用いてトラスを組んでいった

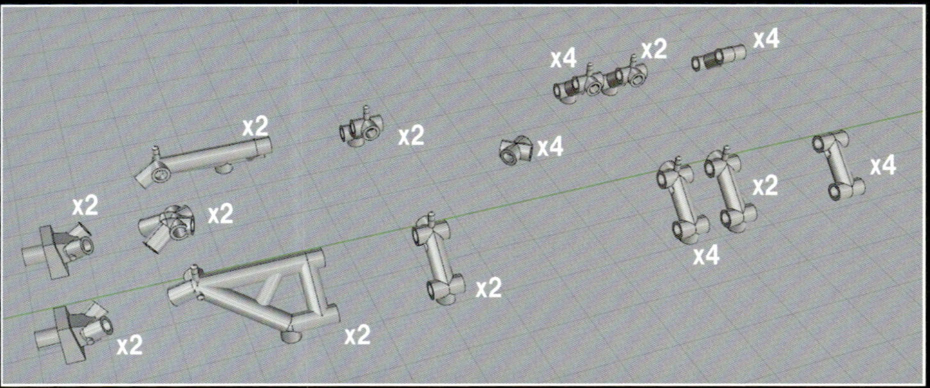

◀トラスフレーム継ぎ手。当時の作例では「イマイのイーグル1のパーツを流用すればいいジャン！」なんてことを言いつつ真ちゅう線と真ちゅうパイプを切り出して製作していた。とはいえ継ぎ手の形状はそれこそ水道管の継ぎ手のごとくけっこう複雑。膨大な数をパイプを元に製作するのは、なんというかもう賽の河原的行為なのではというカンジもするし、単純に精度を出すのもひと苦労。今回は左記のように「どのような形状のものが、どこに、いくつ使われているか」を改めて洗い出し、同じデータを使って必要な個数分出力することで工数を大幅に削減した。3DプリンタはFormlab社製のForm2を使用。個人向け3Dプリンタ（価格は55万円ほど）としては高精細で、表面処理の手間が少なくて済むのが特徴

EARTH FEDERAL SPACE FORCE/
CORE FIGHTER SERIES BOOSTER PLAN
FXA-08GB[Bst]Ex

CORE-BOOSTER EXTENDED "0088"

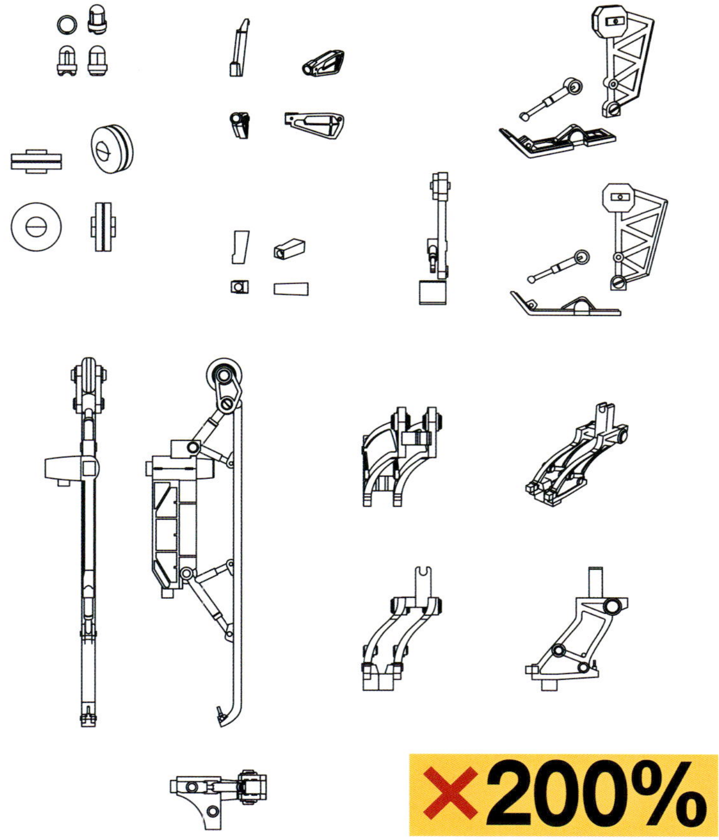

×200%

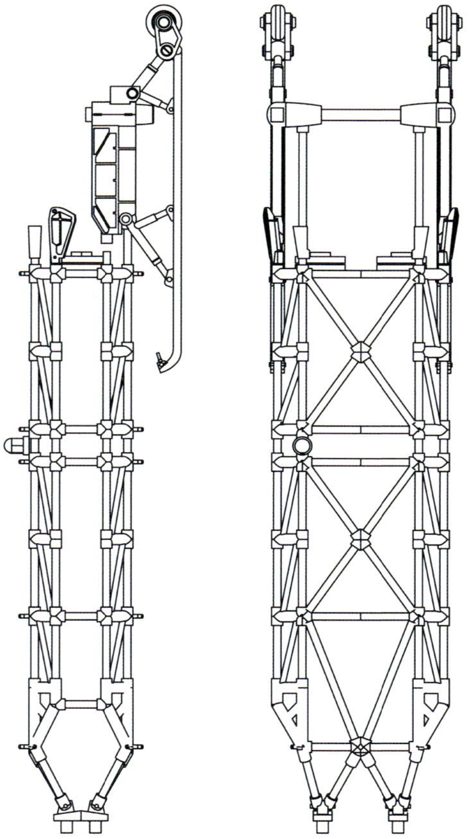

●これらは3DCADで作成し作例で使用したパーツの図面。紙幅の都合上縮小したものもあるので、並記した倍率を参考に拡大コピーしてご使用されたし。この図面を元にすれば、今回の作例のようなデジタルモデリングでの製作はもちろん、「デジタル製作は環境が整ってなくて……」という人でもプラ棒やプラ板を使って作ることができるはずなので、カッコいいコア・ブースター・エクステンデッドを作ろう！

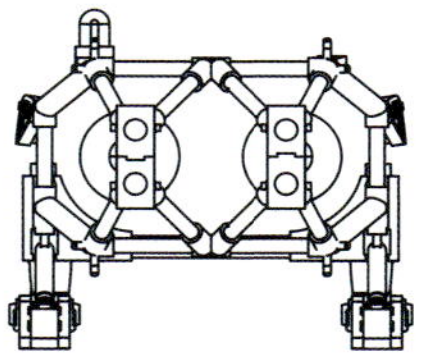

×200%

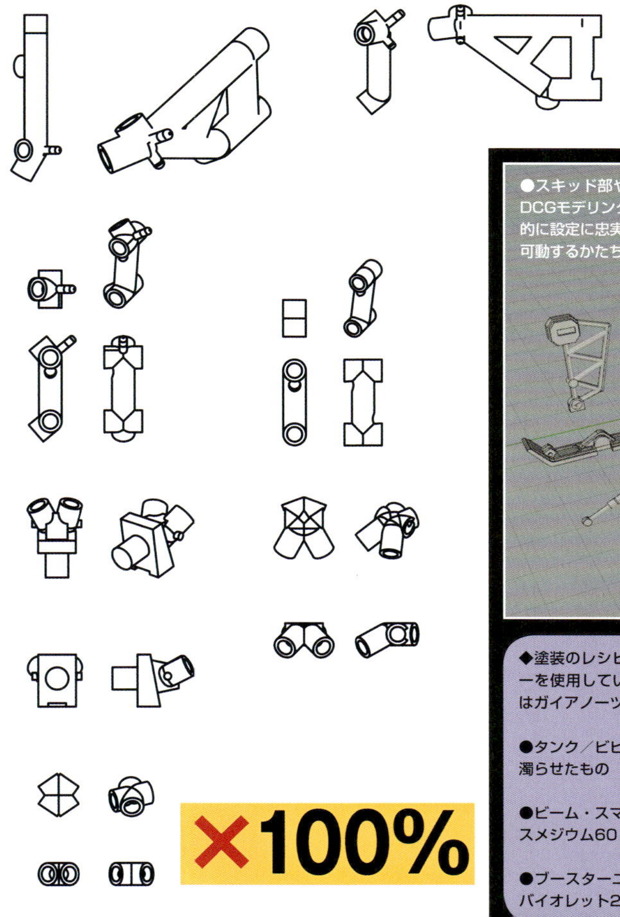

×100%

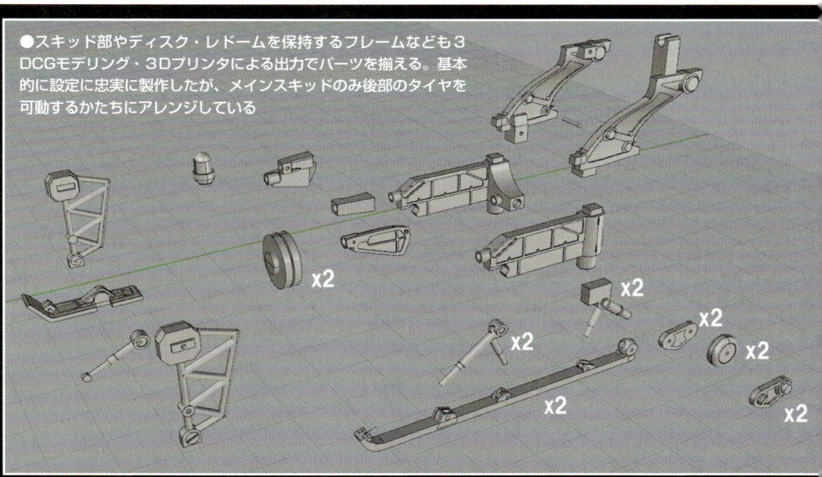

●スキッド部やディスク・レドームを保持するフレームなども3DCGモデリング・3Dプリンタによる出力でパーツを揃える。基本的に設定に忠実に製作したが、メインスキッドのみ後部のタイヤを可動するかたちにアレンジしている

◆塗装のレシピは以下のとおり。GSIクレオス Mr.カラーを使用している箇所についてはⓂ、特記がないものはガイアノーツの塗料を使用

●タンク／ビビッドオレンジにタンⓂを少量混ぜて少し濁らせたもの

●ビーム・スマート・ガン／ロック製グラファイトベースメジウム60：ダークシーグレーⓂ40

●ブースターユニット／ダークシーグレーⓂ80：純色バイオレット20

●ノズル／スーパーチタンⓂ

●機首／フィニッシャーズ製ディープブルーに白を少々

●そのほか、全体に茶系のウォッシングを施し、またホワイトデカール貼付けた後は上から白を足したブースター色を乗せることでなじませている

●デカールはMG シナンジュ用ガンダムデカールをメインに、一部自作デカールを使用。スマート・ガンなどはロボットの武器というよりはシャトルの構造物として少し多めに貼っている

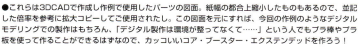

●作例は初代MG ガンダムMk-IIをベースに製作。モチーフとしては『ガンダム・センチネル』のリファイン版を念頭に置いているが、肩の形状や腕のシールドなど、TVアニメ版に近いイメージを随所に盛り込んだ新たなアレンジでまとめられている

RMS-154 BARZAM

EARTH FEDERAL SPACE FORCE "TITANS" /ANAHEIM ELECTRONICS

初代MGガンダムMk-Ⅱから作る 1/100"リファイン版"バーザム

『ガンダム・センチネル』に登場するバーザムといえば、Mk-Ⅱをベースにしたいわゆる「リファイン版」。設定的なスキ間を狙った「技アリ」な機体だが、MGでガンダムMk-IIにさらにデザインアレンジが加えられたことを受けて、「リファイン版バーザムをさらにMGを元に再構築したら……」というコンセプトで製作されたのが本作例。結果的には先祖返り的にTVアニメ版に寄せられたアレンジも随所に盛り込まれ、量産機といいつつもMk-II的な「悪くて強そう」なイメージの新たなバーザムができあがったが、こんな遊びはいかがだろうか？

Model Graphix
2000年1月号
掲載

MS-154 バーザム（リファインタイプ）
BANDAI SPIRITS　1/144
インジェクションプラスチックキット
「HGUC ガンダムMk-Ⅱ
（ティターンズ仕様）（№194）」改造
発売中　税込1620円
製作・文／**田中冬志**
（B.M.W）

蘇る蒼きガンダムの影。

RMS-154 BARZAM

●頭部は『センチネル』版をイメージ。柔らかな三次曲面を盛り込みつつもシャープな面構成を心がけて製作されている
●とくに胸部などに顕著だが、線が多いようでいて単純な面構成は、低コストな量産機然とさせるための立体的演出
●Mk-Ⅱとはまったく形状が違うように見える胸部や脚部だが、内部にはMG Mk-Ⅱのフレームが活かされている
●マーキングはパソコンとプリンタで自作したデカールを使用。ニューディサイズが制圧し本拠地としていたペズンに駐留する部隊の機体を想定したものとなっている
●足首は完全に自作。足裏も再現している
●腰背面はMG Mk-Ⅱのギミックを活かしてバズーカを取り付けられるようにした

ズバリ、「リファイン・リファイン・バーザム」です。MG Mk-Ⅱも実質的にデザインリファインされて新しい形になりましたので、リファイン版バーザムもさらにリファインしてみようということです。

まず『ガンダム・センチネル』の文字設定は重視することにします。「グリプス戦中期、一般パイロットの動かせる新型量産型MSがほしかったティターンズは手持ちの設計図を元に開発。そのスタッフのなかにジオン系の技術者がいたために、ひとつ目のMSが開発された」というところに注目。この手の裏事情は知っているとおもしろいね。想像も膨らむし。「ティターンズがコレを認めたということはグリプス戦争中〜後期はなりふりかまっていられなかったんだろうなあ」とか「ジオン系技術者が絡んでいるなら、あのトサカはゲルググあたりがイメージソースかな」なんてね。こうやって考えを膨らませていくと、『ガンダム・センチネル』版はちょっとおとなしめに見えてきます。そこで、最初のTVアニメ版バーザムのイメージをもう一度掘り起こしつつ、より派手で攻撃的なMSとしてアレンジしていくことにします。

まずラフスケッチを何枚か描きました。頭部、胴体、腰部のあたりはMk-Ⅱっぽさを残します。ここをTV版に合わせると『センチネル』版バーザムの意匠がなくなってしまうので。とはいえ、MG Mk-Ⅱのアレンジは『センチネル』版バーザムのラインとはかなり違うので、結果的に結構違うものになっています。

頭部のこだわりは、トサカと後頭部。トサカはTV版っぽく横のスジを入れてみました。ゲルググⅡジオン系っぽくて好きだったので。後頭部はガンダム系統のラインが出るように気を使っています。あと延髄のところのカバーもポイントです。

胴体は、MG Mk-Ⅱのパーツ前面をバッサリ切り落とし、プラ板を貼って二重装甲とその留め具を作ります。肩へと繋がるフレームは4㎜幅増しし、付け位置を3㎜上げます。胸は真上から見たとき胸を張っているように見せるために幅増ししますが、前部が4㎜、後部が3㎜と、ななめになるようにしています。腰部はとくにこだわったところはなく、バーザムの形になるようにしただけです。ただ、バズーカラックは残したかったので、キットのパーツを無理矢理芯として残すようにしました。

脚ですが、大腿部は付け根の球状フレームが丸見えなので、ももの外装上端を1・5㎜ほど上に延ばしました。スネは、簡単には書き表せないほどの切る／貼る／盛る／削るの繰り返し。いろいろな素材がハイブリッドなパーツになってしまったため、仕上げにいちばん苦労した箇所です。足首シリンダーを隠す足首カバーとかかとの六角形のパーツはTV版風にしました。つま先とかかとは『センチネル』版風です。キットパーツのフレームに合うように少しゴツく作っています。

肩は軸基部をMG Mk-Ⅱから流用し、そのほかはプラ板とポリエステルパテでの新造となりました。TV版のイメージで菱形っぽい形にしています。腕は上腕で1㎜、前腕で2㎜延長。前腕は微妙に膨らみがある形状を平らにしています。

シールドはどうしても装備させたかったところです。TV版のイメージで手の小型シールドは外せないと思ってました。TV版ではシールド内にビーム・サーベルが入っているのですが、バックパックについているので……でも何か仕込みたい、といろいろ考えました。パイルバンカーとかハサミとかいろいろ案があったのですが、結局ビーム・バルカンということで落ち着きました。シールド、ライフルなどのマウントのフレーム色が変えてあるのは、「武器類は専用ではなくほかの工場で作られた既存品で、とくにバーザム専用装備ではない」という勝手な想定です。

バックパックはビーム・サーベルマウント部を大型化。これは上半身のボリュームが出たのと、肩やトサカが張り出しているのでバランスをとるためです。ビーム・ライフルは定番のグレネード付き。バズーカは肩にかけて持たせるほうが絵になるので、延長しつつデザインを小変更しました。■

02

02

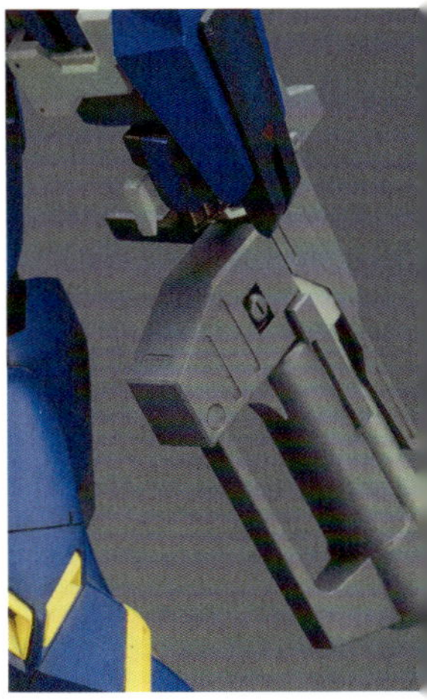

あえて人型を外す、それが『センチネル』的ゼータプラスのツボ

▶右がキットのパチ組みで左が作例。ディテールの違いだけでなく、プロポーションやユニット形状にも徹底的に手を入れている。『UC』版として製品化されたHGUCは非常にスマートでカッコよく『UC』画稿をうまく再現しているが、『ガンダム・センチネル』的なゼータプラスのツボは人型を微妙に外したプロポーションにある。そういう意味ではHGUCは「スマート」すぎるので、あえてユニット間のタイミングをずらしゼータプラスとしてのカッコよさを追求した

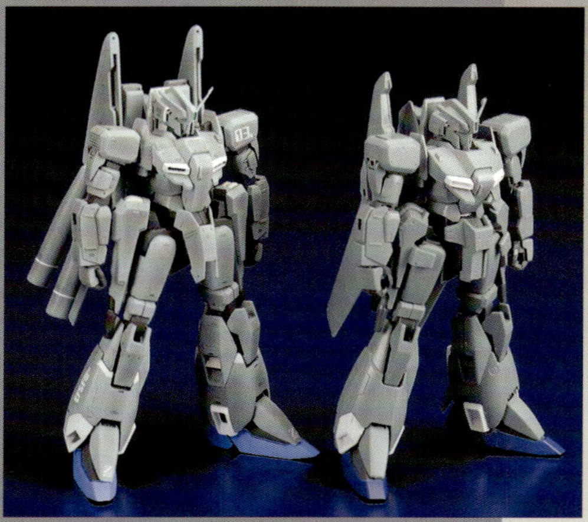

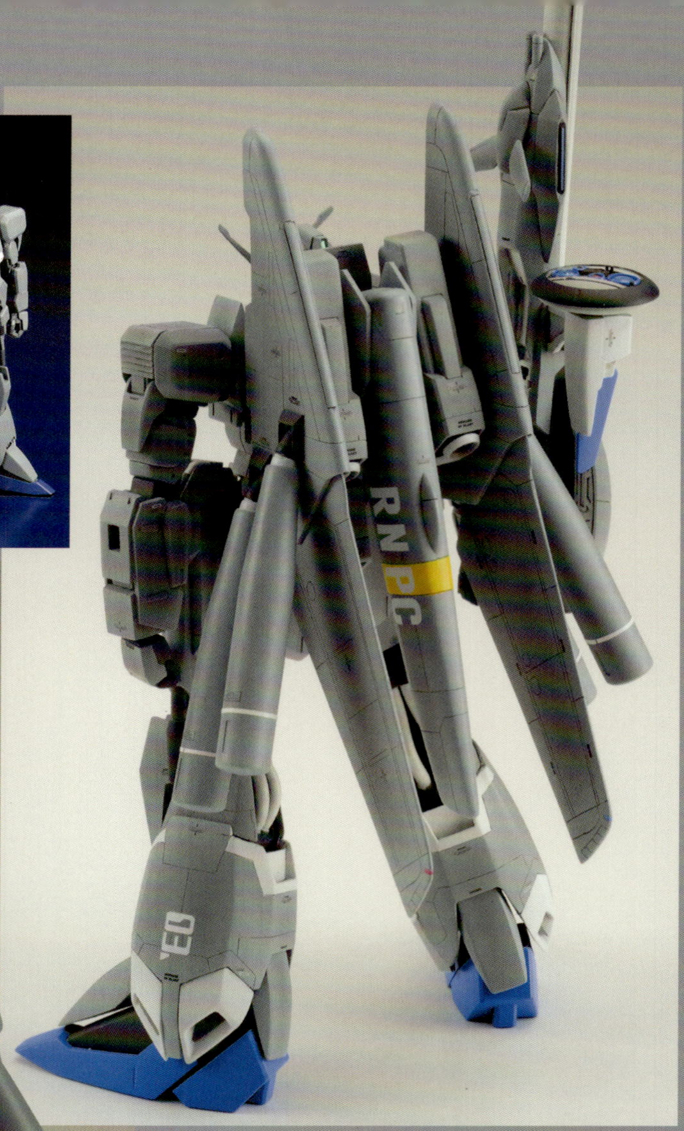

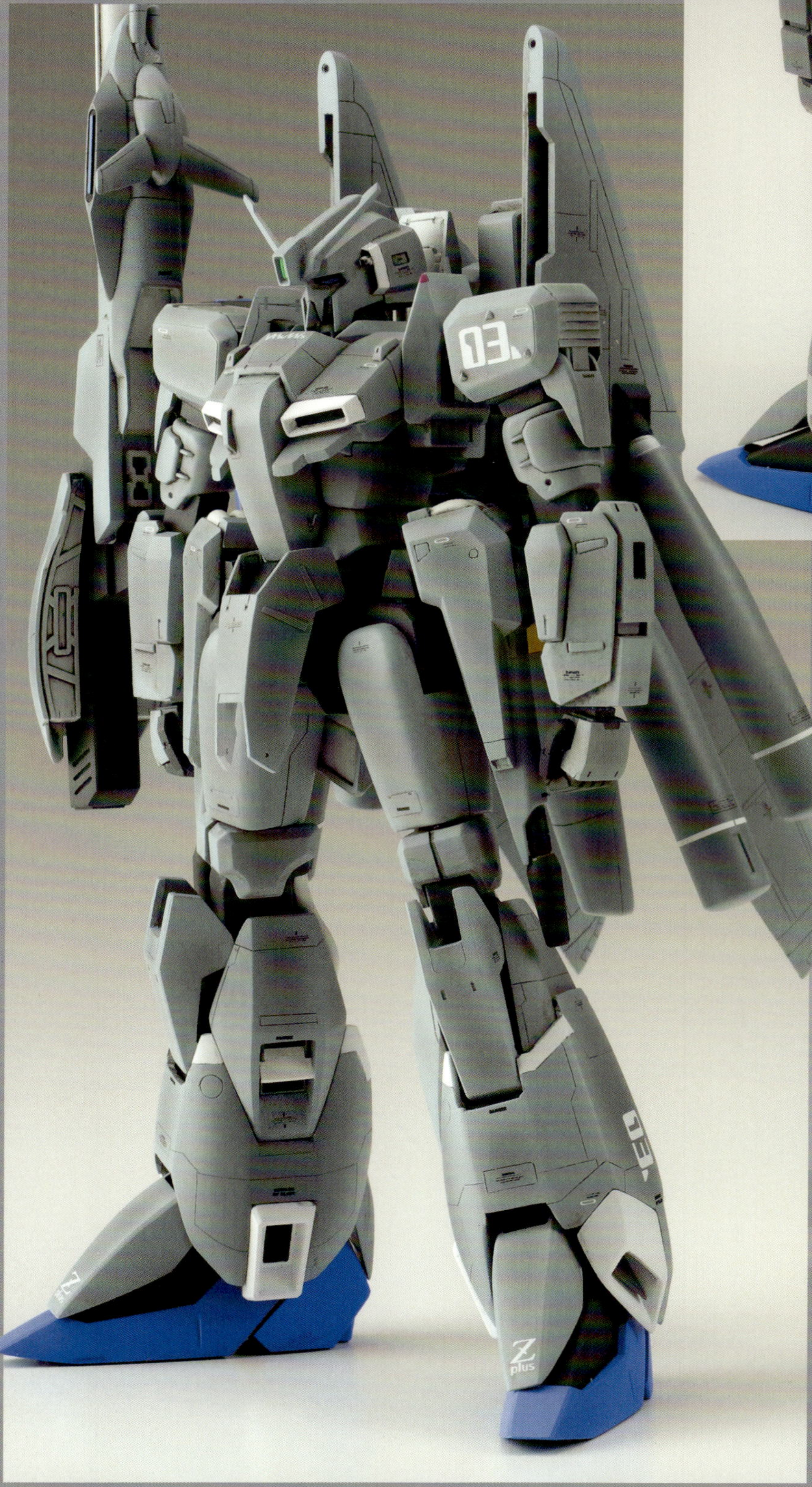

『UC』版HGUCを徹底改修して作るゼータプラスC1型

『機動戦士ガンダムUC』での初アニメ作品登場を果たしHGUCで製品化されたゼータプラス。HGUCは『UC』版としてキット化されていてかなりよくできているのだが、それを『ガンダム・センチネル』版に見立てて製作するとどうなるか……それが本作例のコンセプト。『UC』版と『ガンダム・センチネル』掲載画稿はかなり雰囲気が違うので予想どおりの大改造となった。工程を含めて詳しく紹介していこう。

MSZ-006C1 Zplus C1型
BANDAI SPIRITS　1/144
「HGUC ゼータプラス(ユニコーンVer.)」改造
インジェクションプラスチックキット
発売中　税込2592円
製作・文／**KuWa** (FRAMEOUT MODELS)

Model Graphix
2015年10月号
掲載

EARTH FEDERAL SPACE FORCE
/ANAHEIM ELECTRONICS VARIABLE MS AND WR SYSTEM

MSZ-006C1 ZETAPLUS

[MOBILE SUIT MODE]

BANDAI SPIRITS MG 1/100 based.
Mixing modeling
Modeled byKuWa (FRAMEOUT MODELS)

▲『センチネル』をこよなく愛し、研究に余念のないモデラー。昨年のキャラホビでは変形する1/100 ZplusD型を発表し注目を集めた

キミにもできる!? How to講座

HGUCゼータプラス(ユニコーンVer.)をみるみる『ガンダム・センチネル』的にカッコよくする方法

作る人/KuWa
(FLAMEOUT MODELS)

ここからは『UC』版ゼータプラスを『ガンダム・センチネル』版ぽく作り込むための工作法を詳しく紹介! つきつめて見ていくと両者はかなりバランスが異なっているのでかなりの大改造になるが、元にするのがHGUCなだけに旧キットから作るよりは楽……!? 皆さんできる範囲でマネしてみてね～。

工作の基本コンセプトはこの3つ!

①設定身長を守りつつ各部を微調整することでプロポーションを修整

②極力パーツを活かす

③A1仕様で作る!

今回はプロポーション工作、上級者向け改造、C1型への改修、ディテール工作編に分かけて製作法を解説していくが、全体を通しての基本的なコンセプトは以下のとおり。
①設定身長を守りつつ、改造で頭頂高さが大きくなってしまわないよう、パーツ単位でサイズや形状、位置関係をコントロールする
②極力キットパーツをベースとして活用し、「パーツの切削、プラ板での延長等」の基本工作で改造をしていく
③『ガンダム・センチネル』版として、別冊『ガンダム・センチネル』掲載の設定画、変形機構解説画稿、長谷川やすよし氏のゼータプラスA1アムロ機作例のイメージを拾いつつ、A1型のディテールを再現する

まずはHGUC版についておさらいしておこう

▶『機動戦士ガンダムUC』Episode7にZplus A1型が登場したことを受け、2014年7月に発売されたのがこの「HGUC ゼータプラス(ユニコーンVer.)」(税込2592円)。差し替えで変形可能

◀HGUCは『UC』設定画の印象をよく捉えている。旧1/144版と比べるとその進化は歴然で、小顔な頭や可動範囲が増えた各関節の設計は見事。大部分を差し替え式としたMS/WR両形態の変形機構もHGUCとして非常によく考えられたものになっている。『ガンダム・センチネル』に登場したときの「人型を外れたプロポーション」ではないが、製品はあくまで『UC』版なのでそこは別物と考えたい。『ガンダム・センチネル』版にこだわらないのであれば、スマートなプロポーションと練られたギミックで文句ナシの名キットだ。

頭の工作

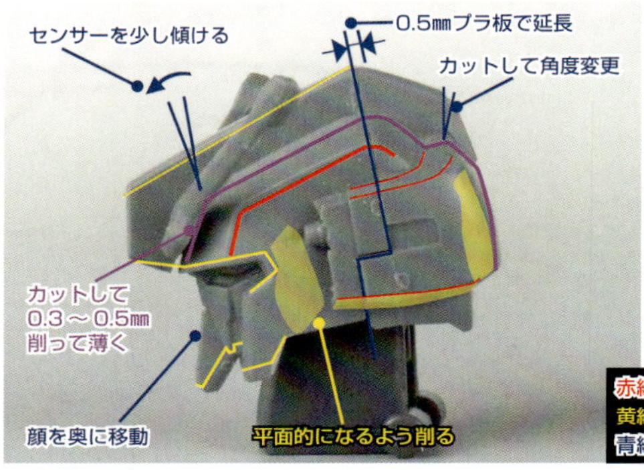

◀かなり小顔で雰囲気がよくなった頭部だが、『センチネル』版の「前後に長く上下に扁平」な頭にするにはひと手間必要。前後割パーツなのでまずは合わせ目にプラ板を貼って延長したくなりますが、それでは頭全体が大きくなってしまいます。比率の変更を念頭に形状を変えましょう

赤線:エッジ変更
黄線:カット、面構成変更
青線:延長、角度変更

▲顔の比較写真。アゴ下を大幅に詰めたほか、マスク下の彫りを強くしたぐらいですが大きく印象が変わりました。首ブロックは側面に0.3㎜、下に1㎜プラ板で幅増し、延長と同時にディテールを追加しています

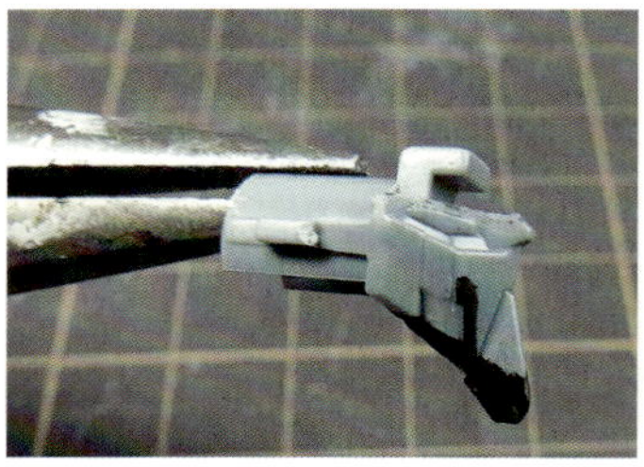

▲HGUCのフェイスパーツは非常によい形状ですね。ただし上下に長いZガンダム顔なので、主にアゴ下を削り込むようにすると、それだけでちょうどよい小顔になり、『ガンダム・センチネル』版っぽい表情になります

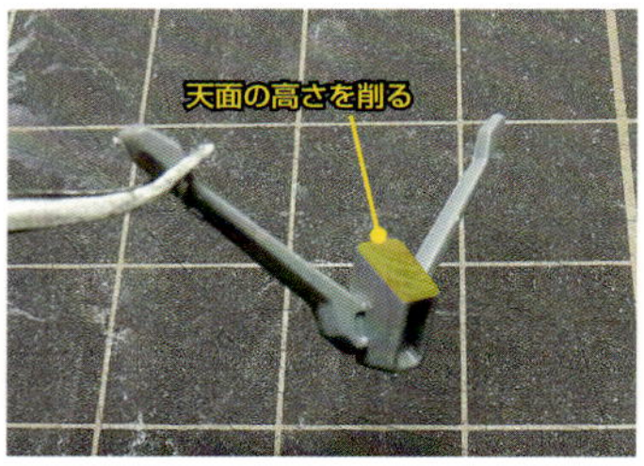

▲額から頭頂部へ連なるトサカの角度を削り込みますので、頭部アンテナの中央センサー部天面もその角度に合わせるようにします。ヤスリで削ってトサカとの取付け面を調整し、下側にやや傾くかたちで接続できるようにしています

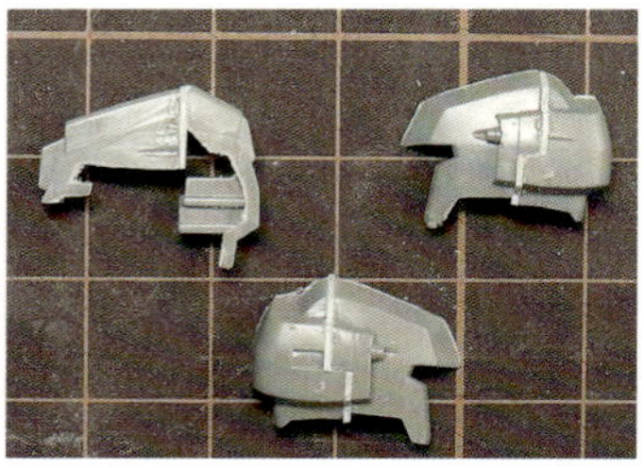

▲左右に細く、上下に薄く、前後に少し長くを念頭に改造開始。頭部を合わせ目で0.5㎜幅増しして、エッチングソーで3枚におろします。切断面では側頭部側を約0.5㎜削って薄く。目の上やホホ当てのカット等(加工図黄色線)はここで進めておきます

すごい今更の話だけど……MG.O.C.K.ってありましたよね

連載当時、バンダイ製プラモデルとは別にMG編集部謹製(センチネル・ワークス製)のレジンキャストキット「ModelGraphix Original Cast Kit」がいくつか発売されており、そのなかにバンダイ1/144ゼータプラス用のディテールアップパーツセットもあった。連載(フォトストーリー)用作例のゼータプラスやSガンダムには1/220ゼータガンダムの顔パーツが使われていると明言はされていたが、真似しようにも極端な小顔かつ前後長が長いウェッジシェイプの頭部パーツは写真で説明されてもバランス取りが難しかった。しかしこのセットの発売で、流行最先端のカッコいいゼータプラスヘッドがモデラーの手元に届けられることになった。今回の製作でもこれを使えば話は早いんだけど、なにぶん20年以上前の話だし……ねぇ

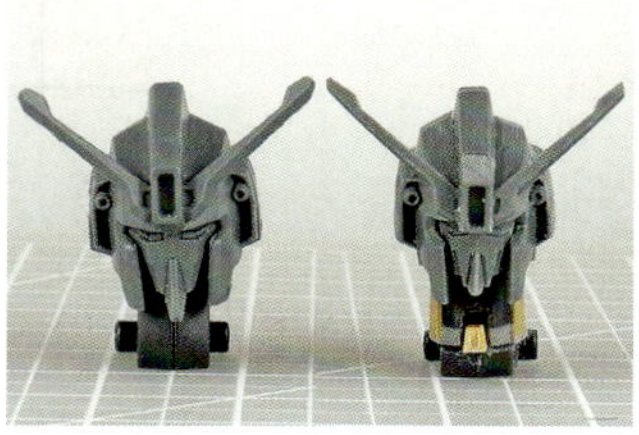

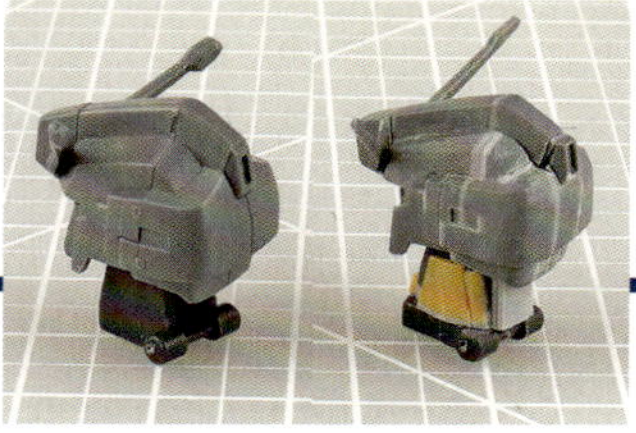

●左右側頭部、トサカを組み合わせたら加工図のように削り込み形状を整えます。ゼータプラスらしい雰囲気にするには耳ダクトのまわりや目の横辺りの抑揚というか丸みをを抑えて少し平面的にしていくとよいと思います。かくして主に上下と左右を詰める方向で横長の頭部に修整しました

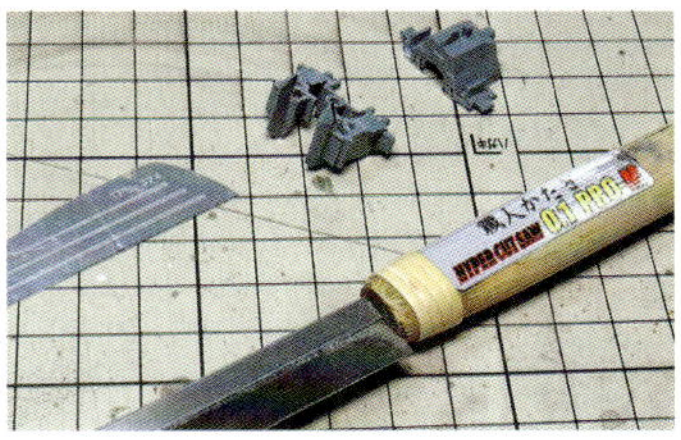

▲カットには「職人かたぎ ハイパーカットソー 0.1 PRO-M」を使用。頭部のカットもコレ。エリを残して前後にカットするため、エリの下に前から刃を入れて真ん中まで切り進め、横から縦に刃を入れて分割しますが、難しければ単純に真っ二つにしてエリを切り取ってもOK

▼胸フレームは胸パーツの取付位置を変更するために手を加えます。前方のダボを何箇所かカットするのは胸の取付角度を寝かせるためです

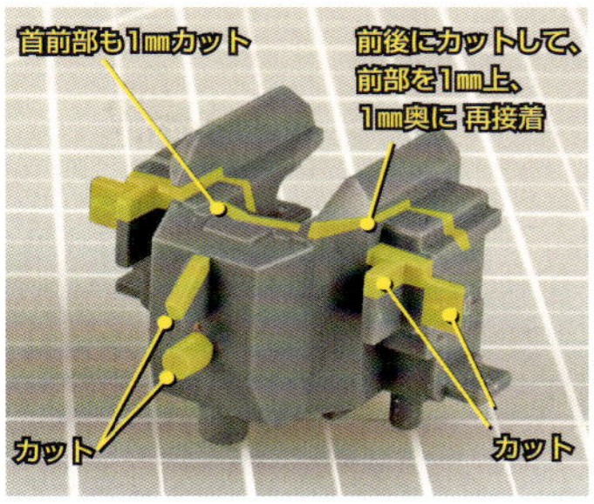

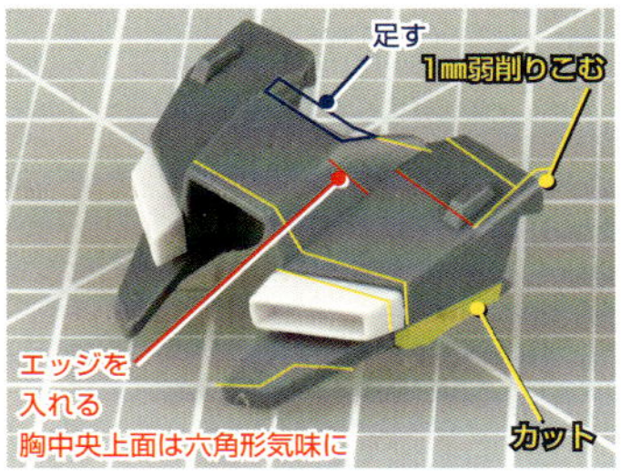

▲胸パーツはZガンダム的に大きく、また前に突き出している印象ですが、ここは思い切って小さくします。後端で1㎜、左右で0.5㎜ずつ詰め、ダクトも黄色線に合わせてカット

胴体も大改修です

胴体は『センチネル』版と比べてかなりバランスが違うところなので、こまかい調整が多くなります。方向性としてはアニメ設定のZガンダム画を引き継いでいるように見える設定画に合わせて胸を小さく見えるように加工。また全体のバランスのなかで胴体が長く見えるようにしていきます。

▶改造していて迷ったら原典『**ガンダム・センチネル**』（大日本絵画／刊 ３０００円＋税）を読み込もう

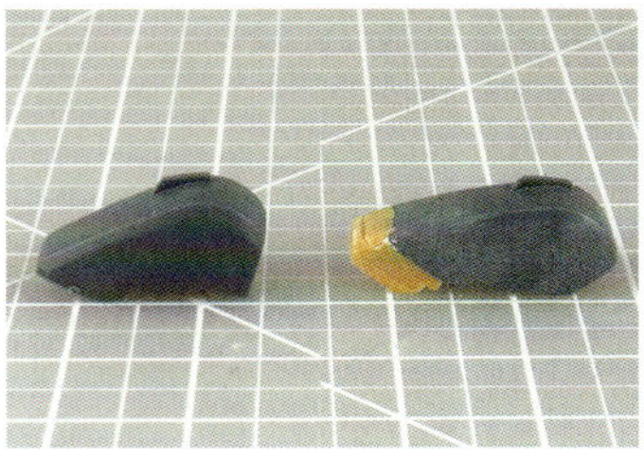

▲前述の胸部ブロックを小さく、また角度を浅くして取り付けることで胴部分が長く見えるようになります。その角度変更に合わせて中央コクピット部を延長しつつ、取付け位置も奥に移動するので前後に薄くなるよう下側をカット

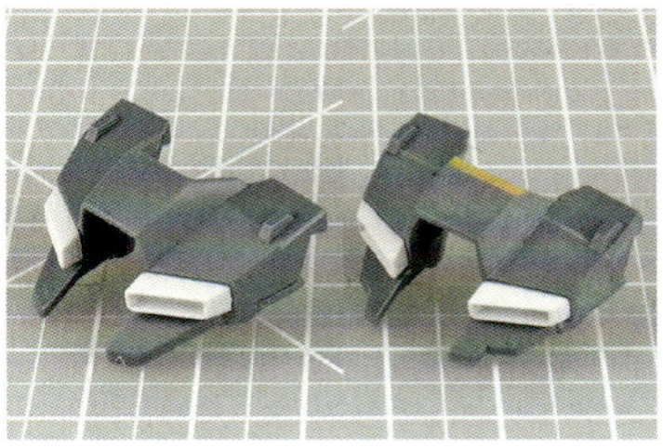

▲加工前後の比較（右が加工後、左がキットパーツ）。前後／左右幅が印象としてかなり小さくなったこと、胸ダクトも薄く角度がおとなしくなっていることがわかります。前方の整流フィンは短くしつつ切り欠きを入れています

▲肩ブロック基部のプレートは、設定画を見るとかなり分厚く大きかったのでプレートの内側に0.5㎜プラ板で幅増しし、外周も一回り大きくしました。また胸側面の加工に合わせて接続部で1㎜近く削りこみ、肩幅自体を少し狭めています

▲胸フレーム前側の切断面を1㎜削り込んで前後幅を薄く。これも胸パーツをより胴体に密着させて胸を小さく見せるための加工。Zガンダムの設定画もそうですが、よく見ると昔のZ系の胸って結構小さかったんですよね

▶股間フレームの加工は腹部と合わせて胴体を長く見せるため、フロントスカート取付位置を下げるのが目的

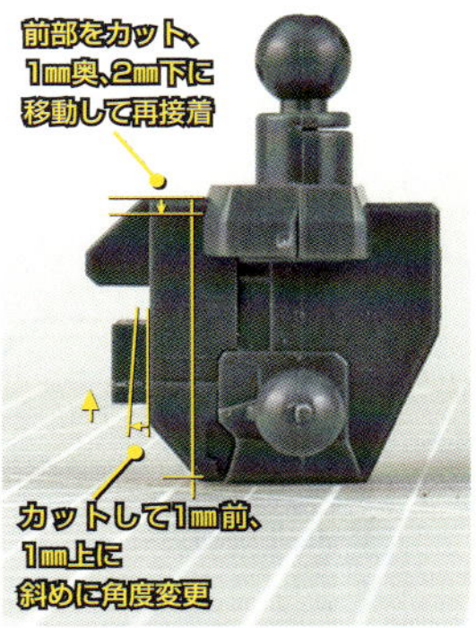

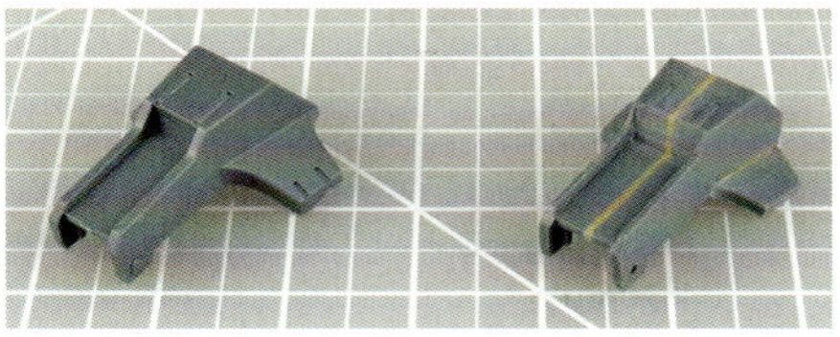

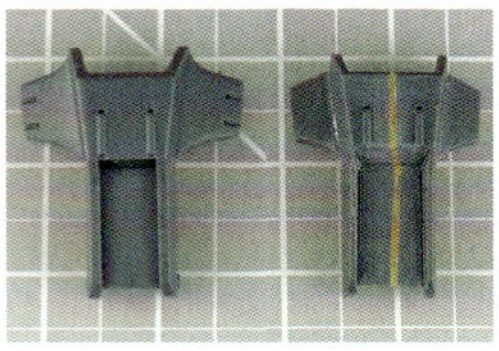

▲▶さらに中央で分割して0.5㎜幅増しし、左右端の板をカット、1㎜奥に移動して前後の奥行きを増しました。結果として中央部を広げて左右端の板を小さくしてバランスを変更したことになります

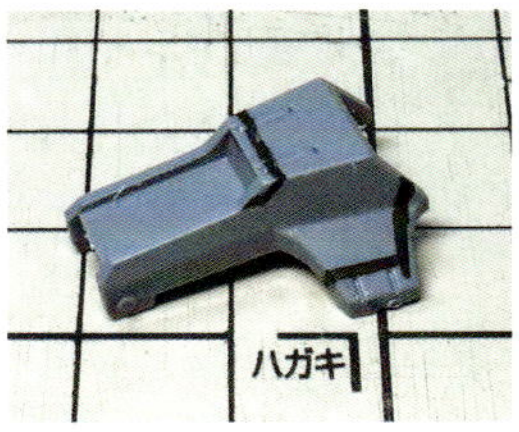

▲製品のA1型フロントスカートを設定画のバランスに変更するため、左右端と上部を切詰めて小型化、出っ張った上部の下端も斜めにカットして縦方向を短くしました。下の凹部は左右の板が薄くなるよう削り込み

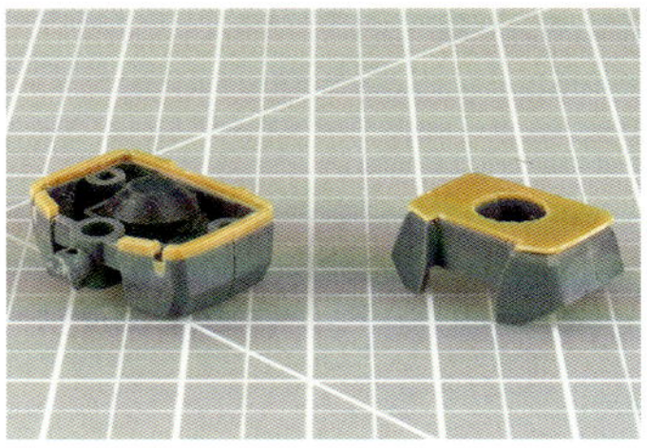

▲腹部下側は延長工作として0.5㎜プラ板を貼りつけ。ここは完成後見えなくなるので貼り付けておくだけで大丈夫です。腹部上側は胸位置変更に合わせて隙間を埋めるための延長。1㎜プラ板で高さを足しています

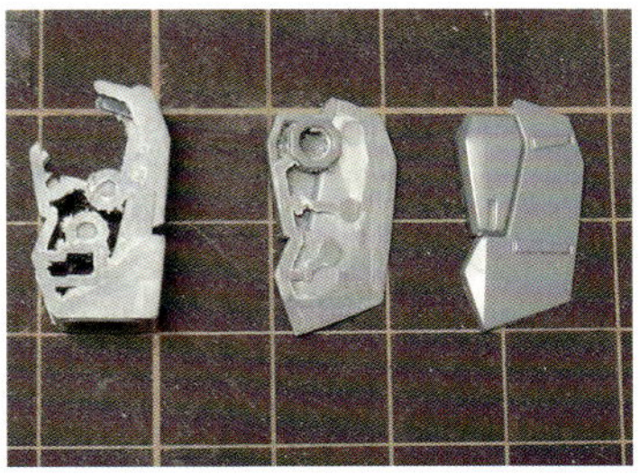

▲▶前腕のプレート形状はゼータプラスのキモのひとつなので、旧設定画や変形画稿に似せた上下に長い形状に変更します。まずはプレートと中央フレームをレザーソーでカット

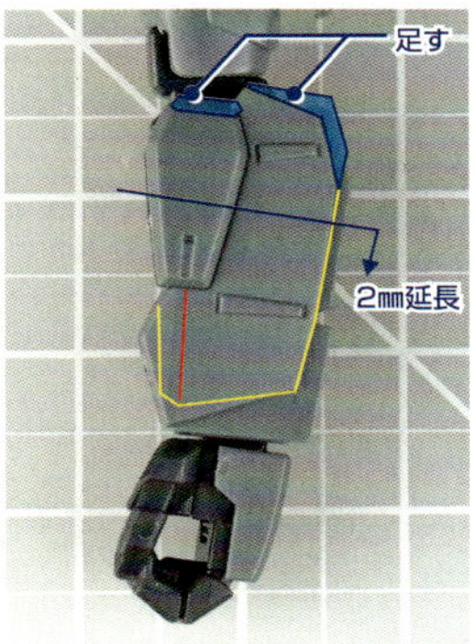

腕もちびちび攻撃！

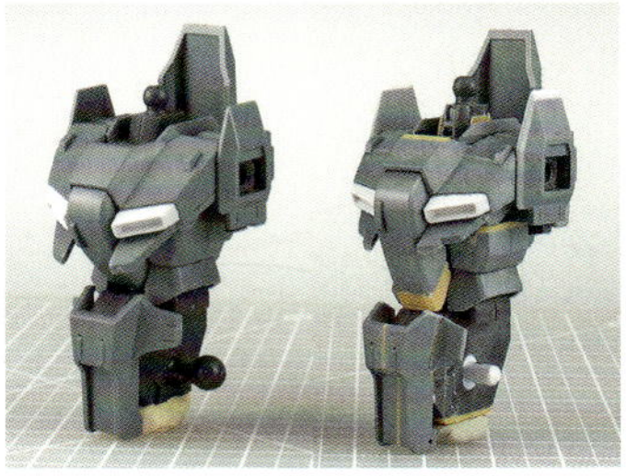

▲胸の小型化と角度調整で小さく見えるはずです。結果腹部が見えるようになり、フロントスカートの位置下げもあり、サイズは変わりませんが胴体が長くなった印象となりました

▲右が加工後。あわせて脚部の接続軸をボールジョイントから3㎜棒に変更、接続位置を少し前方かつ上方に移しています。後述のムーバブルフレーム工作に備えた措置です

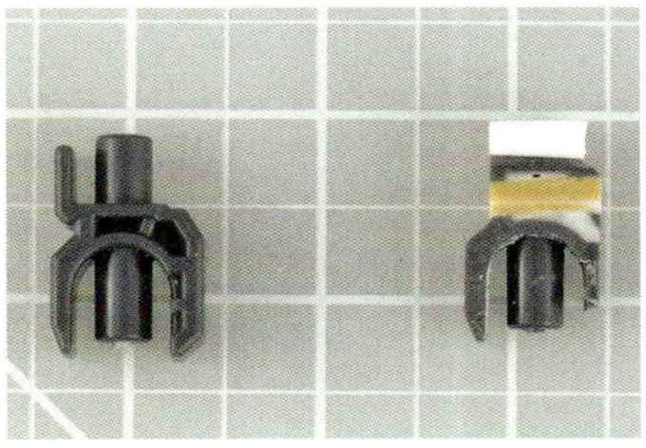

▲さらに腕長な印象にするべく、ヒジ関節はキットパーツを加工して延長。旧キットに変更した上腕に合わせた形状に現物合わせで加工します。完成後も力がかかる部分なのでプラ板で延長したら1㎜真ちゅう線を通して補強します

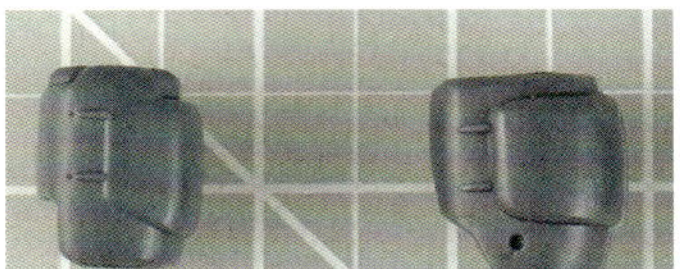

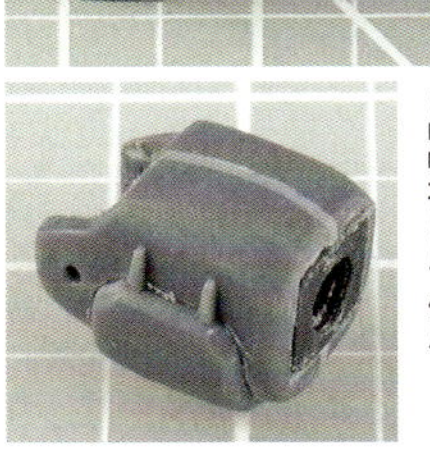

▲◀上腕は旧1／144キットに置き換えたほうが雰囲気があります。そのままではなく、合わせ目で0.5㎜幅増しして使用

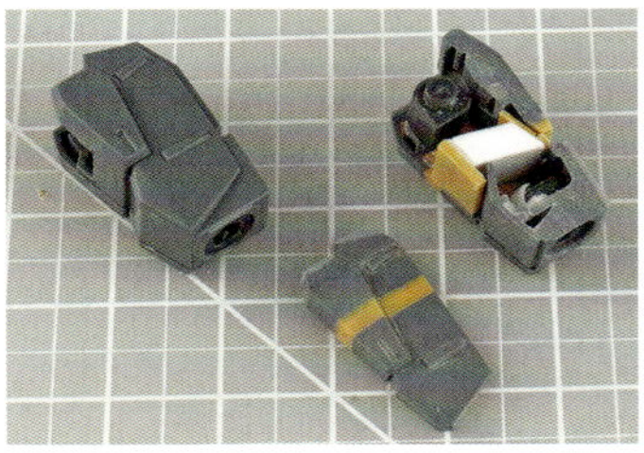

▲延長した前後プレートと中央部は切断面で気持ち削り込んで前後幅を薄くします。中央部は幅6.5㎜程度で収まるように厚みを調整したら上下に長いプレートに合わせてユニットごとに切断、位置合わせをして接着します

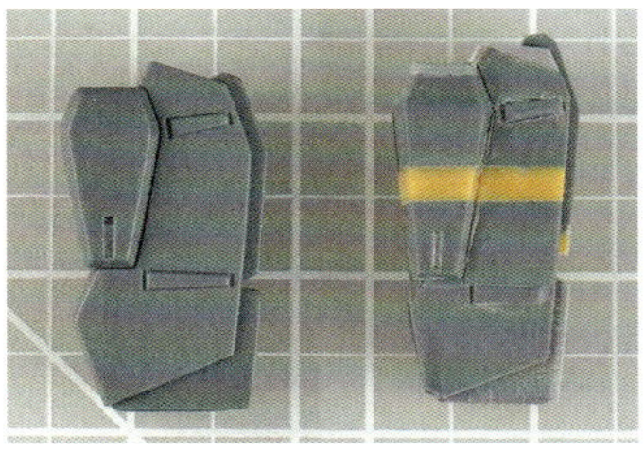

▲前腕プレートを中央で切断し2㎜プラ板で延長、下側は側面などをカット、上はプラ板を足すことで形状を調整します。延長後のヒジ関節部の六角形プレートは、細長くなるように調整しながら面のすり合わせをしてください

肩のライトは左のみ！

連載当時、左肩にある3箇所のモールドは、機体ナンバーを照らすライトだとされていた。つまりここは凸モールドで、なおかつ左肩にしか入らないのが正しいということになるのでこだわってみよう！（なお、右肩に機体番号が入るのはアムロ機のみなのも忘れずに）

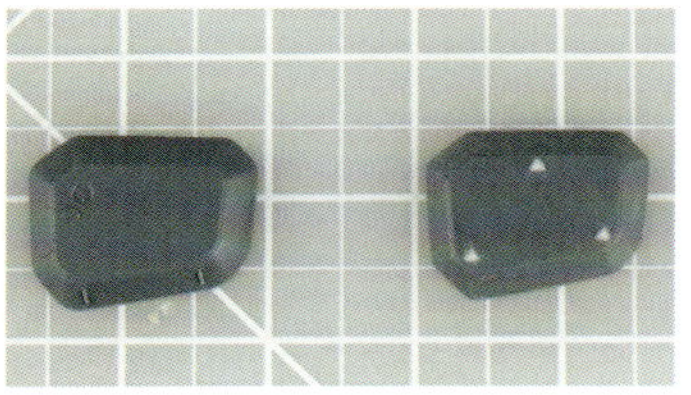

▲肩自体も小型化したくなったので、前後プレート外周を約0.15㎜小さく削り、それに合わせて外周面を抑揚を抑える形で削り込み。左肩には凸状ライトがあるので、ここは盛り上げ可能な瞬間接着剤（シアノン）をナイフなどですくい取って三角ディテールの上に慎重に盛り、ナイフの刃でていねいに三角の凸を作りました

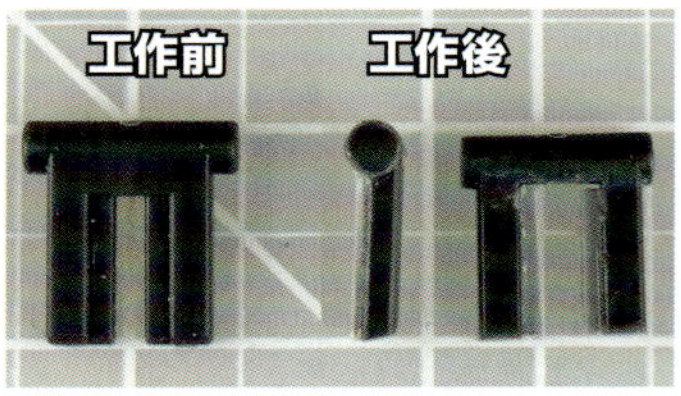

▲「人型を外した」とよく言われる、脇の下が空いて腕が外側に下がっているイメージに近づけるため、肩関節と肩アーマーを接続するF8を加工。スリットに入る部分を削りとって1㎜プラ板を内側に貼り付けると1㎜オフセットできます。肩アーマーの位置自体も下げたかったので、合わせて切込みを上に深くしました

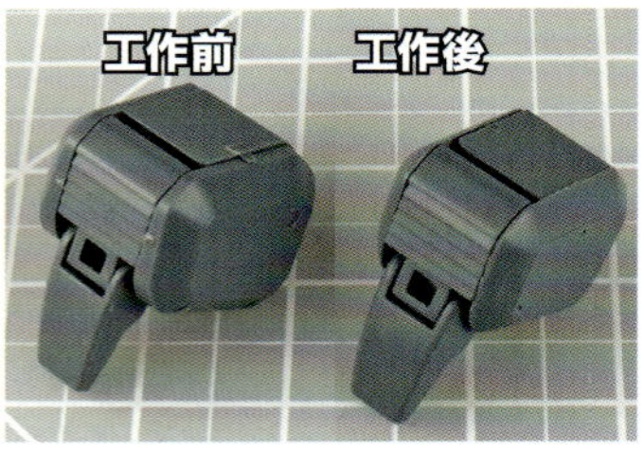

▲肩アーマーは『センチネル』版に近いですが、少しだけ小ささと華奢さを出したいので前後の厚みを減らします。一度前後プレートと中央部に分割して前後プレート切断面で0.8㎜ほど薄くしました。これだけでも効果大です

股関節のポイントは？

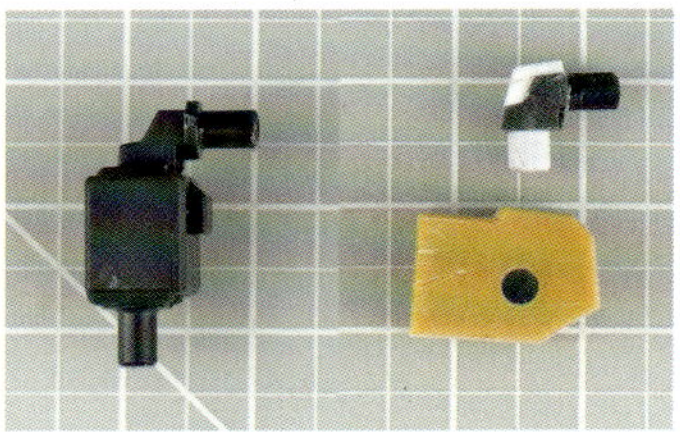

▲新造した股関節と製品のモモフレームと比較。モモ側のポリキャップをフレームのポリキャップで受けるので、構造は変わりません。腰のビーム・カノン接続部は切り離してプラ板、プラ棒で修正します。ここも力がかかる部分なので、プラ軸に真ちゅう線を通して補強するとよいでしょう

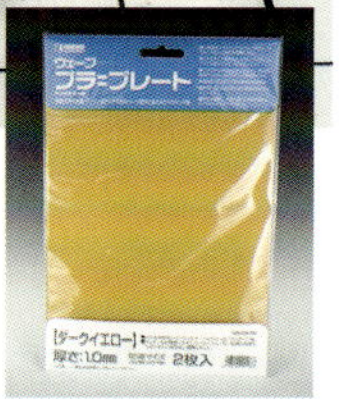

▲▶プラ板工作で作った股関節ブロック。キットの成型色が灰色なので、ウェーブのプラ＝プレート（ダークイエロー）1㎜を使用

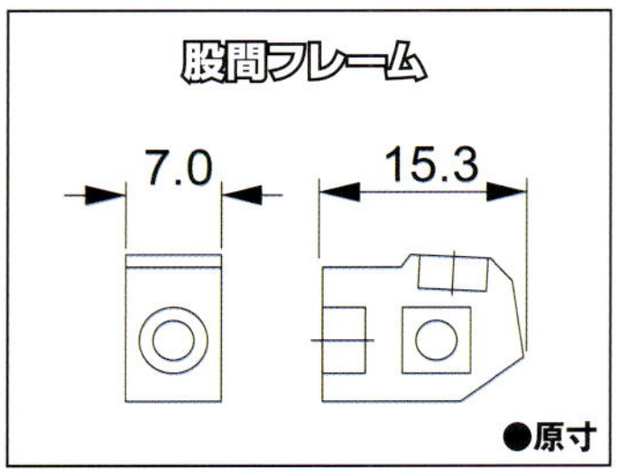

▲股関節の図面。製品付属のポリキャップ(PC132-1×1、同-2×2)を内包しています。腰とは軸接続になるので可動範囲は減りますが、モモにロール軸を設けるので問題ありません

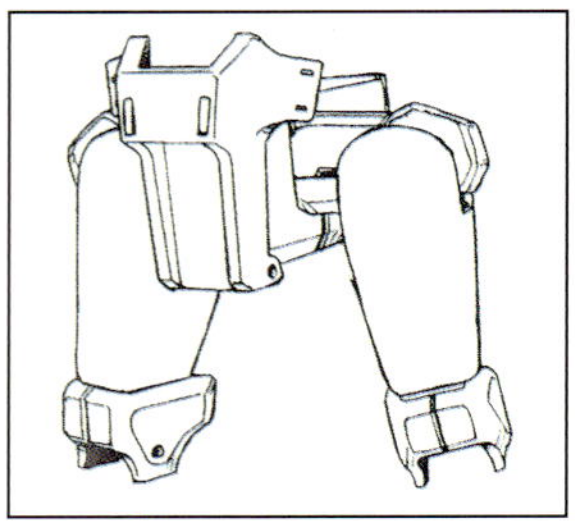

▲ゼータプラスといえばムーバブルフレームむき出しの股関節。キットはボールジョイントがむき出しなので、ここは新造することにします

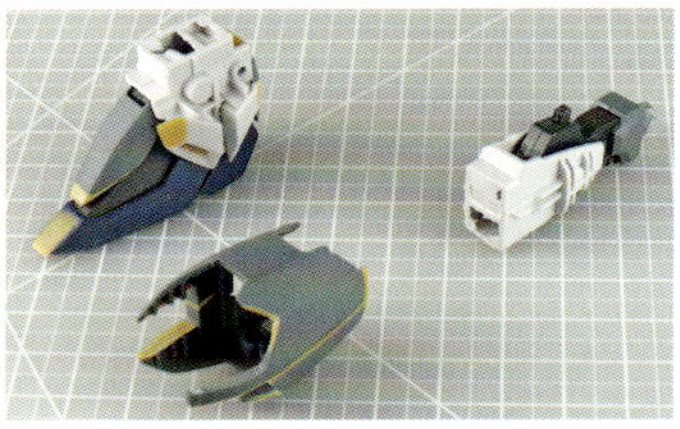

▲キットのスネは設定の特徴をよく捉えていますが、今回は先述の別冊『センチネル』収録の変形画稿やD型イラストを手本にします。まずは内部フレームを上下にカット、スネも側面上部を分割し、スネ下は接着。これでユニットごとに仕上げて後から組付けもできますよ

▼右が加工後のパーツ。フレームが入る切り欠きと上部の延長に注目。特徴的なゆるい丸みのあるモモを再現するため、全体的に削り込んでいます。エッジ部分で一度大きめのC面を作ってから角を落とすようなイメージで整形すると、形を出しやすいと思います

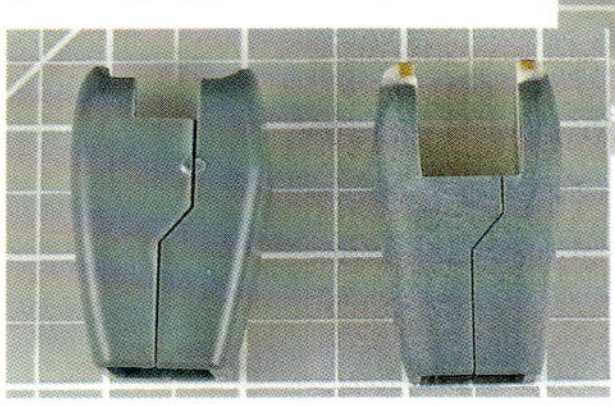

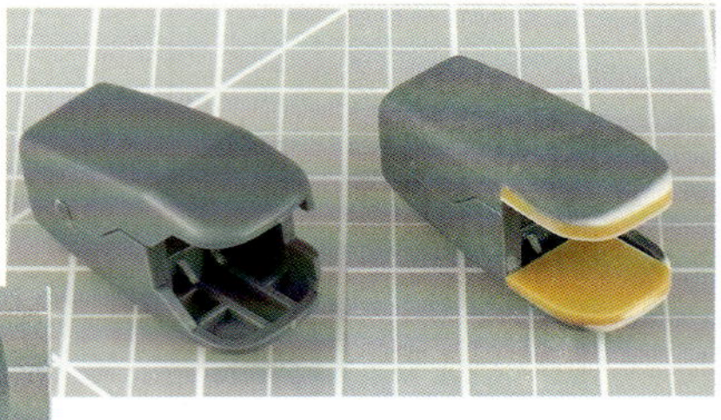

▲股関節フレームを受けるモモ側は、フレームが入るように外側を切り欠きつつ隙間を埋めるために内側に1㎜プラ板を貼ります。その際、1㎜ほどプラ板がはみ出るようにしておき、パーツとプラ板の隙間にシアノンを盛りつけてからなだらかに整形しました

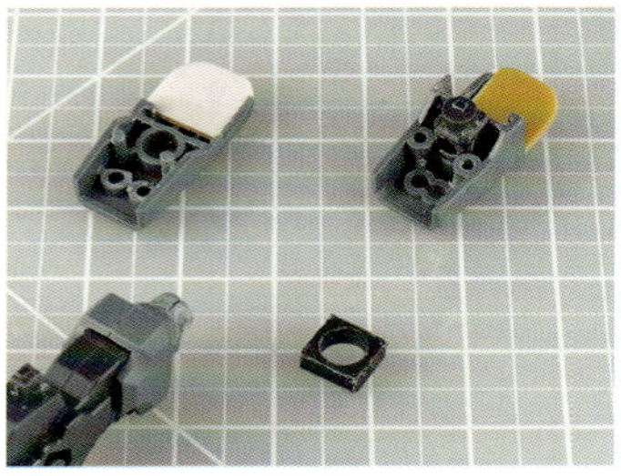

▲ひざ上のユニットにロール軸を仕込みます。C5、C6の上端を円筒形になるよう加工、モモの受け側にウェーブPC-05ポリキャップを仕込みました。比較的かんたんに作れます

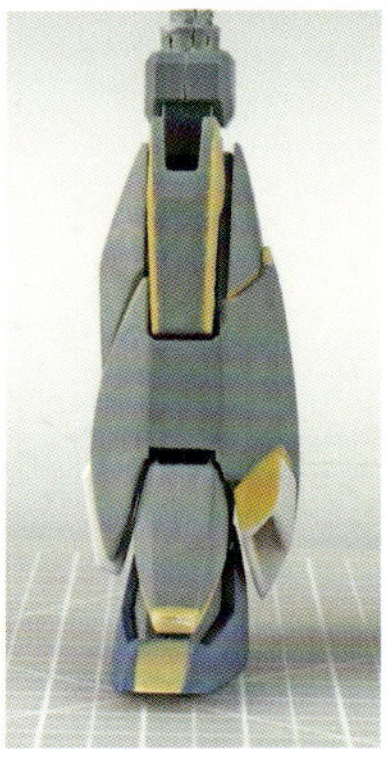

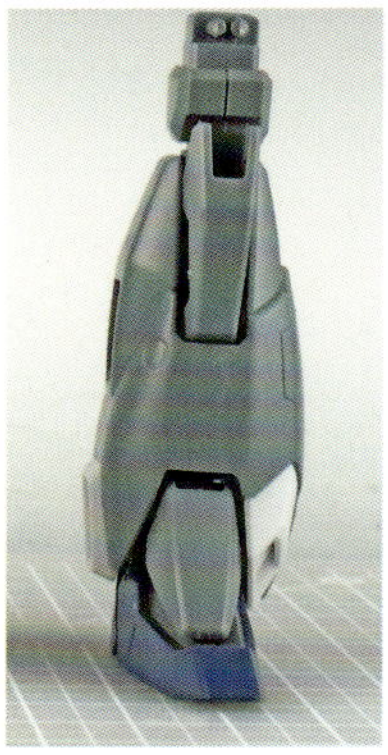

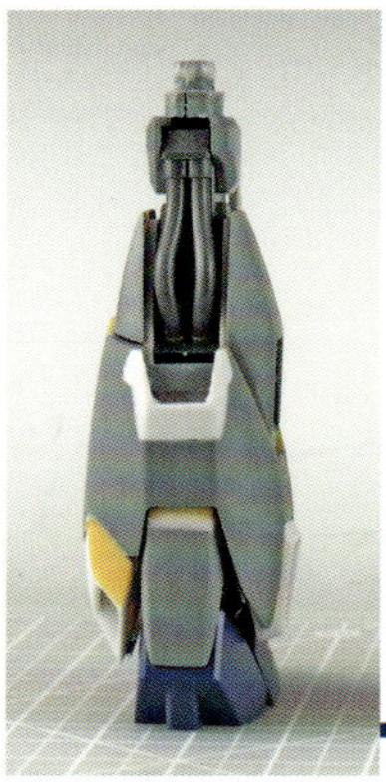

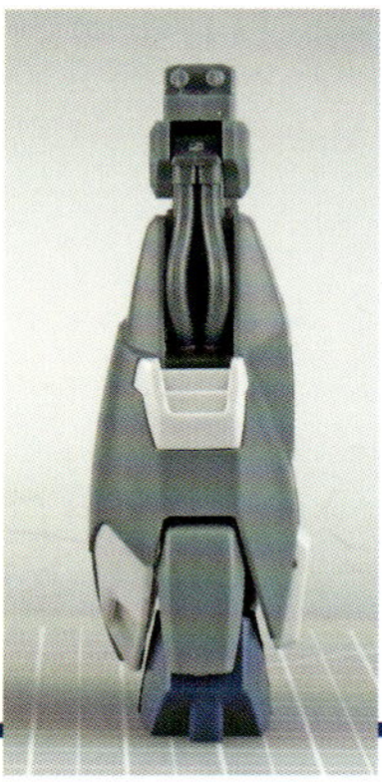

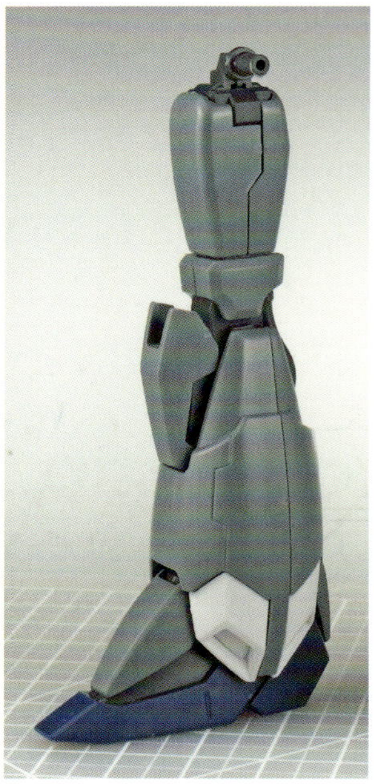

▲脚を組み上げた状態。足首カバー前側は先端を延長しつつ薄く見えるよう削り込み。後側も上に延長して隙間を隠し薄く加工し、足首は爪先上に0.5㎜プラ板を貼りくさび状に削り込み。ヒザパーツは側面に0.5㎜プラ板を貼って幅増しした後、ヒザ前の折れを起点に上に向けて削り込み、正面から見て六角形になるようにしました

▼前後幅を増したスネ下に合わせ、側面スラスターは外側に0.5㎜プラ板で大型化。インテーク内側も奥まで続く形状にするため蓋をしました。そしてその奥には艦船模型のエッチングパーツでノズルを表現。上端の角度が急で上下に長い印象なので、上端を外側に向かって削って調整しました

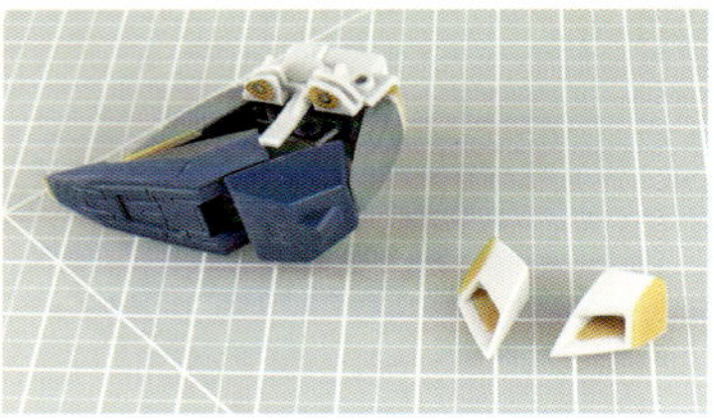

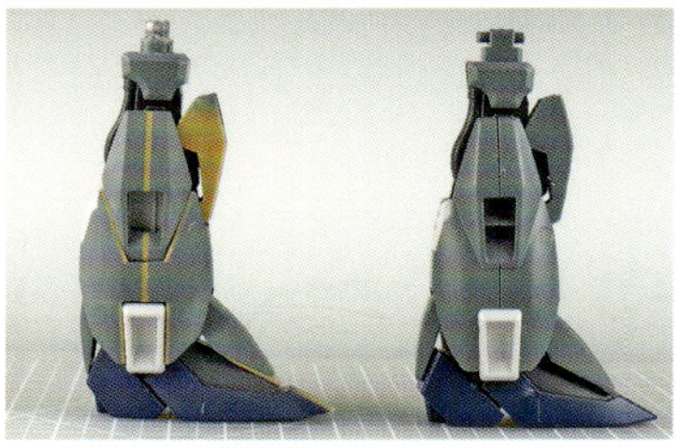

▲スネは前後幅を増やすべく合わせ目のところで1㎜延長しました。ヒザ横外側はくさび形に上2㎜／下1㎜前後に幅増し、内側を約0.8㎜削って薄く、ヒザ横内側は前後に1㎜幅増し、スネに合うよう下に向けて削りこみ、内側を同様に薄く削ります

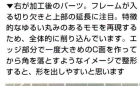

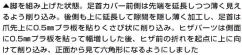

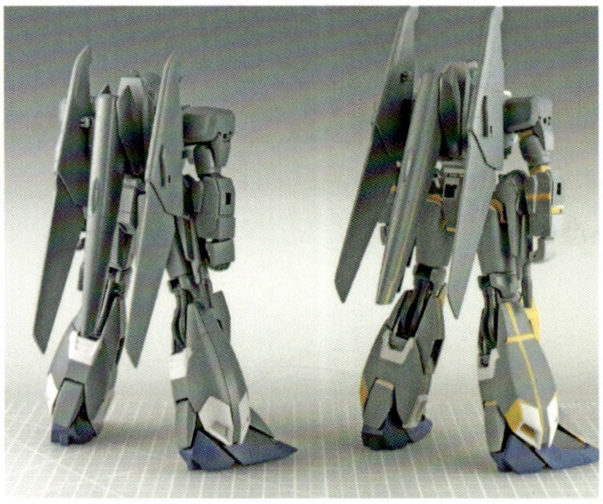

プロポーション工作完了！

プロポーション工作が終わりました。ウイングバインダーは取付け位置を上げていますが、これは単純に取り付け穴をキットより下の方に開け直して接続しています。手首はビルダーズパーツのMSハンド03を親指だけ切り離してからプラ板で作りなおして使用。キットパーツを最大限活かしつつも、頭、胸を小さく、腕を細く、胴が長く見えるようにと微調整を加えた結果、全長をほぼ変えずに頭身やスタイルを変更するという意味が伝わると思います。

ウイングバインダー

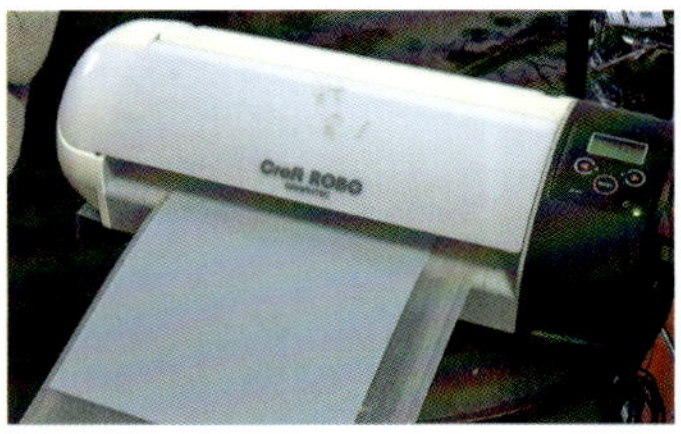

▲グラフテック社の「クラフトロボ C330-20」(生産終了→現在は後継機「シルエットカメオ」が販売中)という2Dプロッタで翼を出力します。これは紙やシール、カッティングマットをPCで設計した図面データに基づいてカットしてくれる機械です

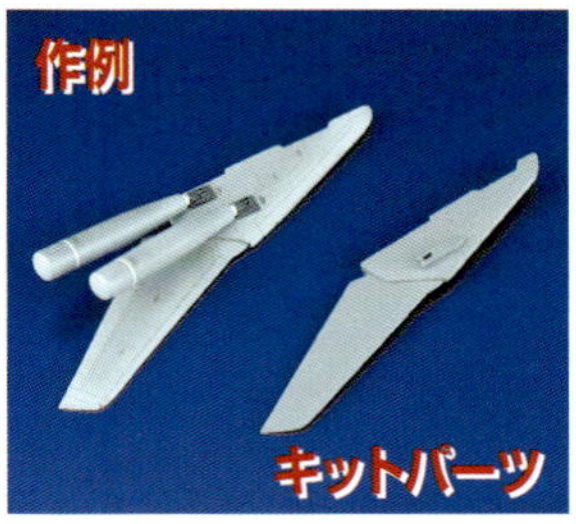

▲ウイングバインダーは『センチネル版』と形状が大幅に異なるのと、サイズが小さいように感じたので、思い切って新造することにしました

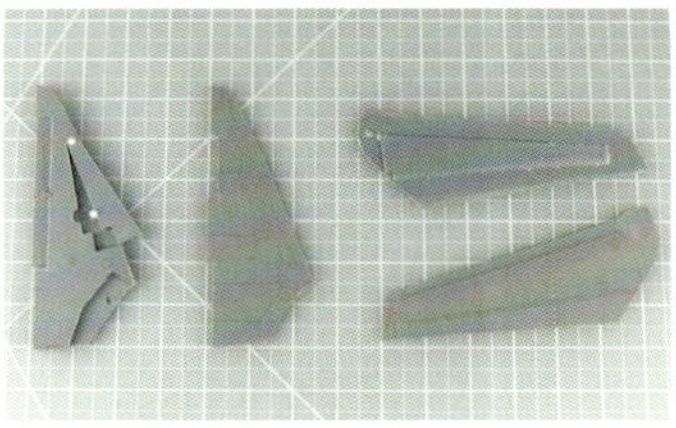

▲グローブ部は7枚すべてを貼りあわせてから表面を削りこんで丸みを付けます。なお可動式のグローブベーンを仕込んでみました。主翼は外側2枚の内側に細いプラ板の「餡」をはさみ、餃子の要領で前後端をくっつければ手軽かつ表面をあまり加工せずに翼断面風の形状に仕上げられます

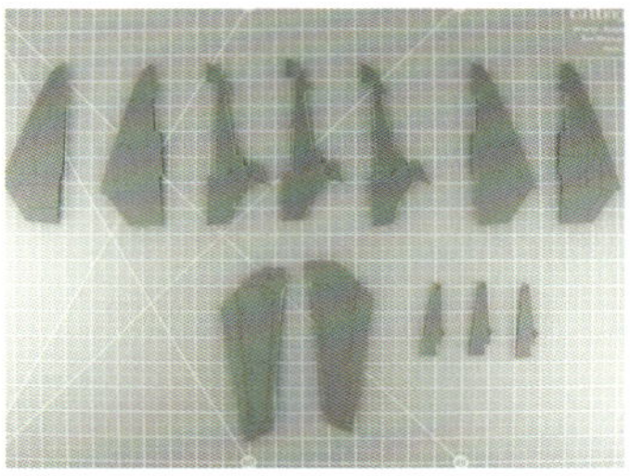

▲ウイングバインダーに必要なのはグローブ部で0.5㎜プラ板7枚で3.5㎜分、主翼で同2枚、グローブベーン部も同3枚で計12枚。これを貼りあわせてウイングバインダー１枚を作ります

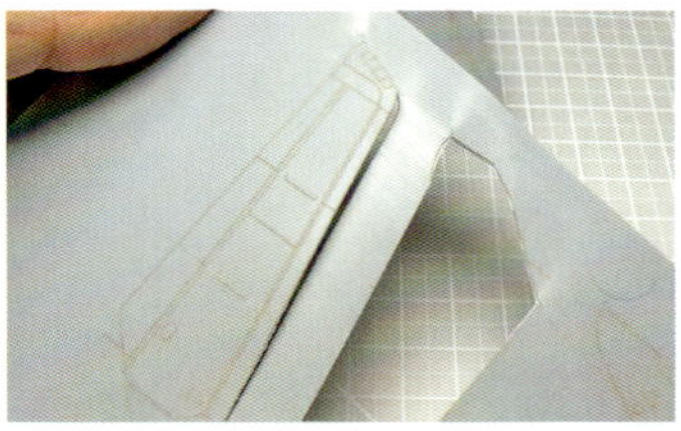

▲すでにマシンの刃である程度切込みを入れた状態になっています。半分以上刃が入っているので手で曲げ折ることもできます。主翼部のディテールもこの時点でクラフトロボが彫っています。けがき針等で彫り直す必要があるものの、正確なアタリを機械的に入れられるのは助かります

▲このマシンは使用目的外ながら0.3㎜程度のプラ板なら充分切り抜け、0.5㎜プラ板でも切り込みを入れられるので、図面に合わせてパーツを何枚も正確に切り出したりするのに重宝します。専用ソフトやAdobe Illustratorで製図した図面をもとに、0.5㎜プラ板をカットしました

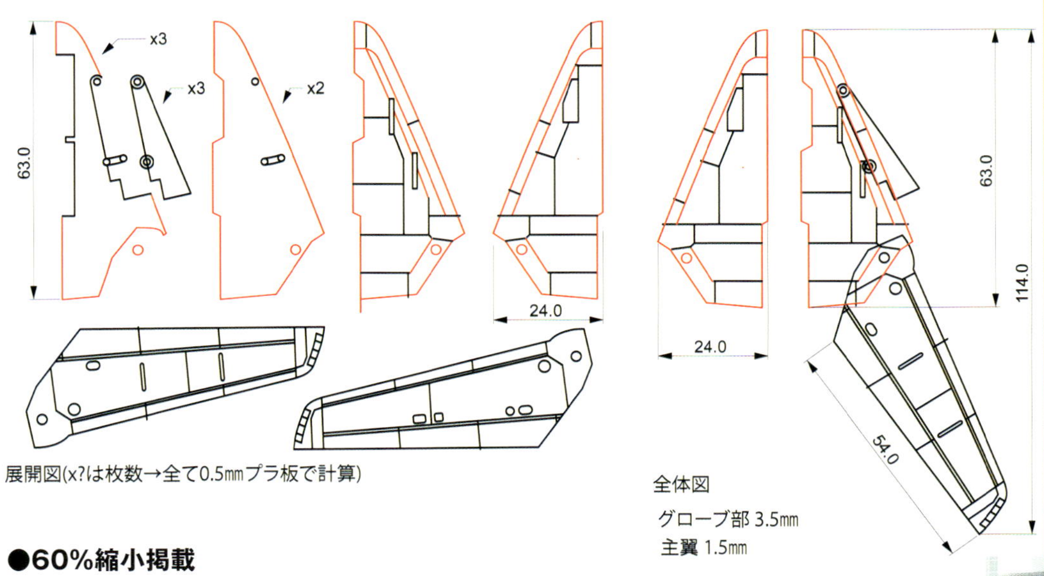

展開図(x?は枚数→全て0.5㎜プラ板で計算)

全体図

グローブ部 3.5㎜

主翼 1.5㎜

●60%縮小掲載

ウイングバインダーの図面を掲載 プラ板に写し取ったりして活用してね

▲2Dプロッタを持っていない方もこれをもとにプラ板を切り出せばウイングバインダーが自作できます。その形状、バランス、パネルラインをWR形態の画稿や「変形画稿」に描かれる横幅の大きいものとして製図。今回はMS形態に限定しましたが、WR形態編もいつかできたら……

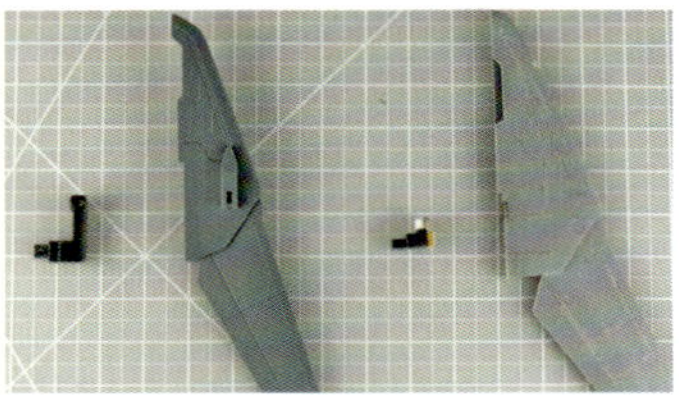

▲バインダーの接続フレームが後述のエンジンユニットと干渉するので、カットして接続方法を変更する必要があります。接続部にはハイキューパーツのネオジム磁石(角型1㎜×4㎜×1㎜)を使用。接続フレームは基部を残してカット、新造したバインダーの下のほうに接続するよう埋め込んでいるので、製品よりかなり高い位置に接続し直すことになります

プロペラントタンク

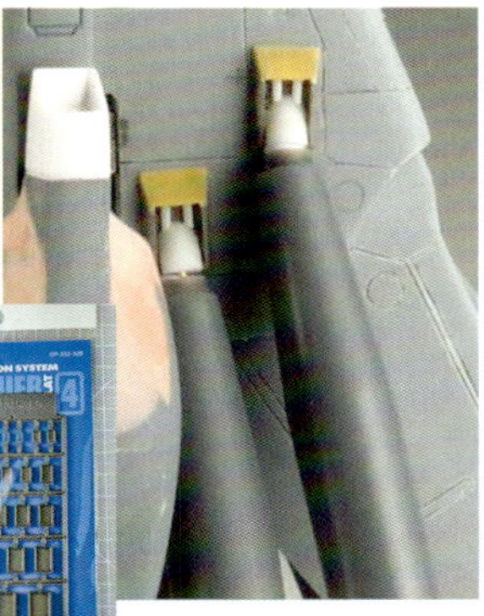

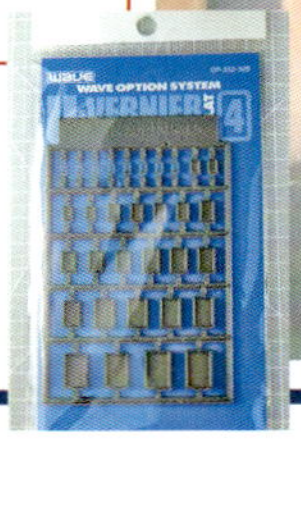

▶プロペランク本体は旧キットから流用。基部は別冊『キミにも作れる！キット徹底改造攻略法・ゼータプラス編』掲載作例の基部形状をリスペクト。ウェーブU／バーニアフラット長方形(6x9)を土台に、各種プラ材で製作しました

ビーム・スマートガン

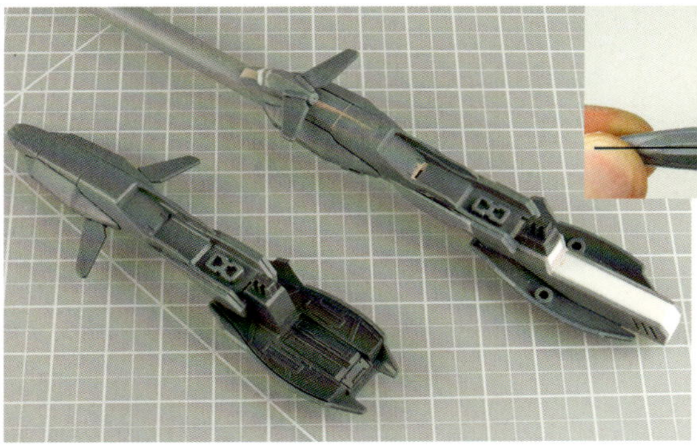

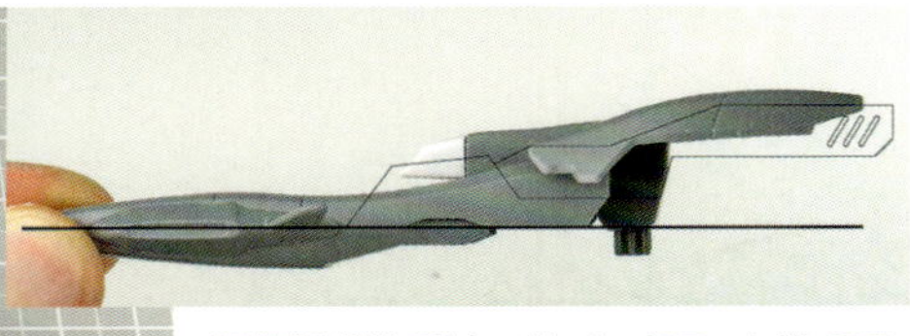

●C1型の特徴のひとつビーム・スマートガンです。一瞬「旧キットを参考に～」とも考えましたが、ここは無難に製品のサブユニットをベースに作ることにしました。本体の形状にはあまり手を入れずスマートガン部分の工作に専念するため、デザインはマスターグレードなどの最近の設定画を参考にしています。その場合、先端に装着する砲身と後方に装着するフレームさえ作り起こせば、あとはなんとかなりますよ

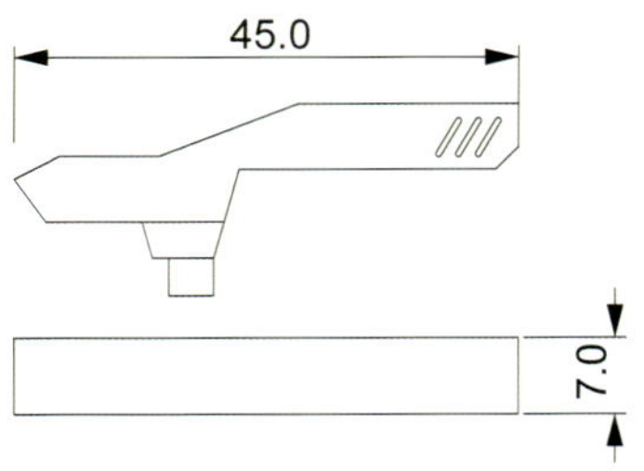

C型スマートガンフレーム

●80%縮小掲載

▲センサーのディテールアップですが、センサーレンズ部はウェーブのUバーニアフラットとHアイズで作り直すようにすると比較的簡単に密度感を上げることができます

▲センサーユニットはHGUC Ex-Sガンダムより流用、基部は雰囲気重視でフレーム風にプラ板で自作しました。ネタ元はセンチネル別冊作例のGコアブースターExtendedのセンサー基部！

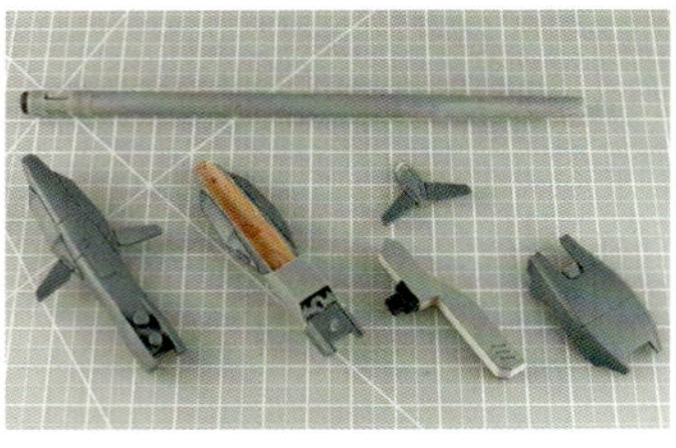

▲シールド先端は砲身を埋め込む幅を作るため、上部を中央からカットしてくさび形に広げ、エポキシパテを充填。中央部は砲身が入るように前方を棒ヤスリなどで丸く削り込んですりあわせ。カナードはシールドのセンサー＋カナードをもう1セット使い、左右貼りあわせて形状を整えました

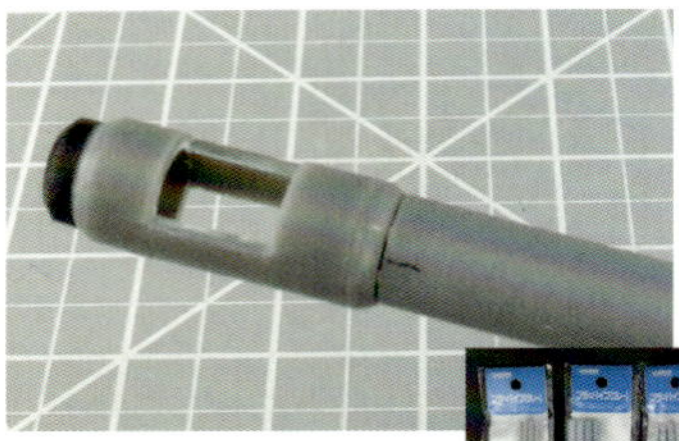

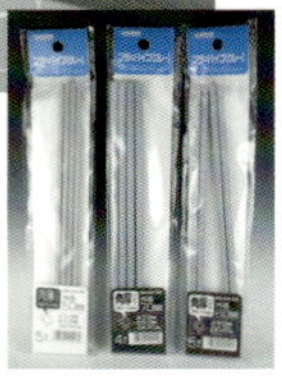

▲砲身はウェーブ6㎜プラパイプ（肉厚）120㎜の長さ、マズル部を同7㎜プラパイプ（肉厚）17㎜の長さで加工。マズル先端にコトブキヤ丸モールドを貼って穴をあけています

サブユニットを仕上げる際のちょっとしたコツ

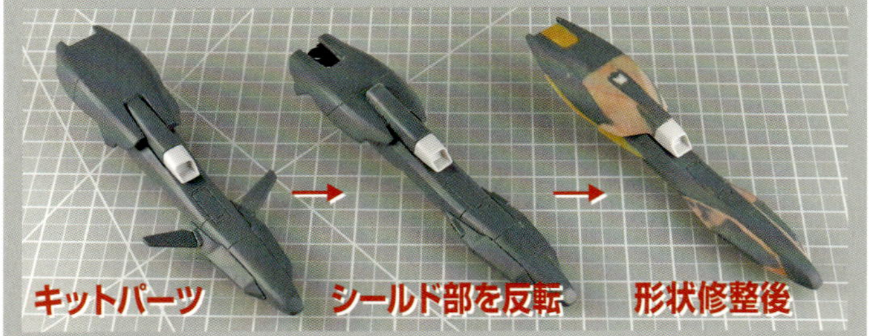

A1型サブユニットは全体的に形状が『センチネル』版と違うように思えますが、キットパーツのシールド部を切り離してひっくり返して装着すると、それだけでの『センチネル』版ぽい形になります。インテーク部と滑らかに繋がるようにポリエステルパテで修整し先端センサー部がシャープになるよう形状を整えればこのとおり。

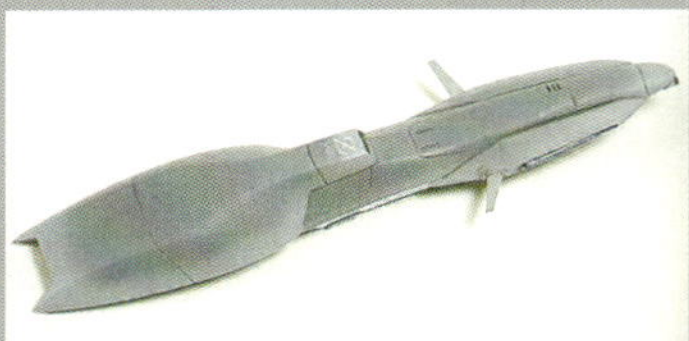

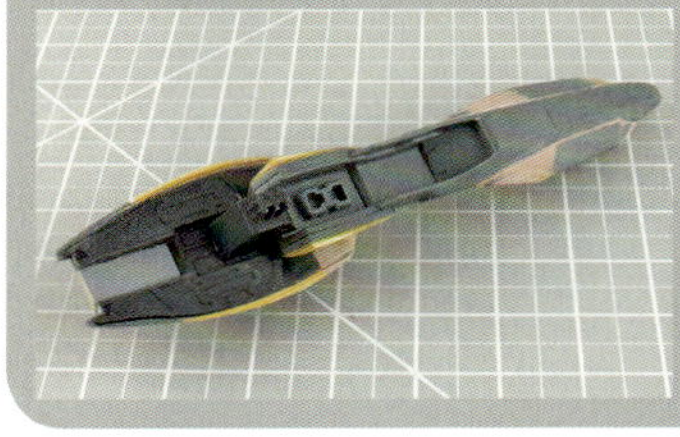

▼▶スマートガンができました。あくまでサブユニットをベースに、スケール感を合わせるのがポイントです。旧キットは上下厚が分厚く砲身のマズル形状がやや大雑把なので、面倒ですがそのあたりも工作していくとよいでしょう

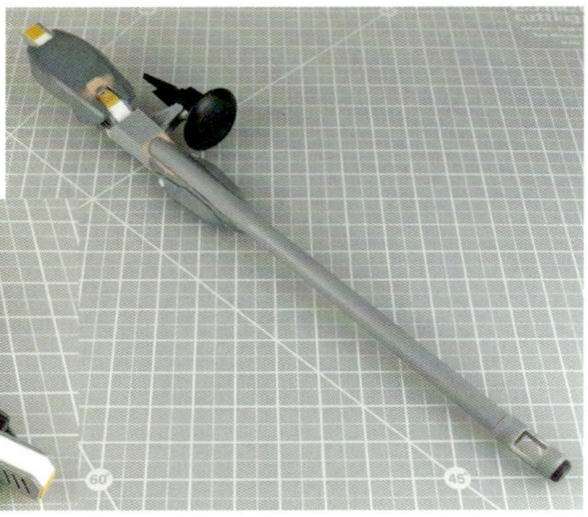

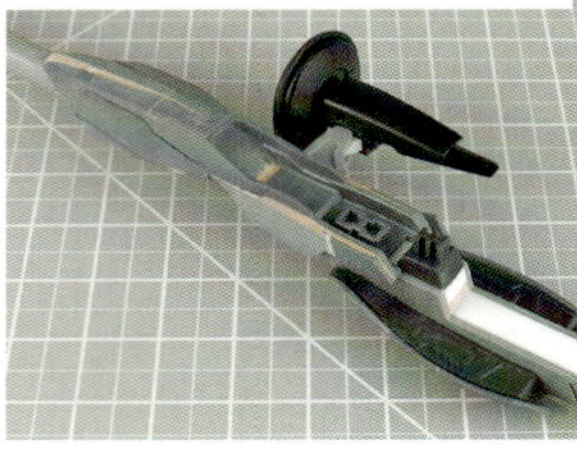

Q 旧キットのまんま流用じゃダメなの？

▶旧キットパーツ（左）とA1のサブユニットとサイズを合わせた作例のスマートガン（右）……ハイ、一目瞭然ですね。旧キットは大きく派手で見映えがしますが、WR形態で本体側とサイズが合わないのです

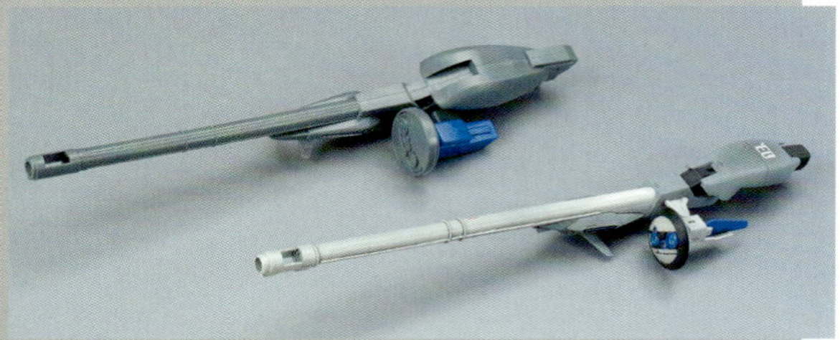

A デカすぎるから……（以下略）

ビーム・カノン

▲ここもMG以降の最新設定と旧設定で大きく形状が違うところ。別冊の変形画稿やD型設定、当時のイラスト等を参考に側板の形状を変更しつつ大型化

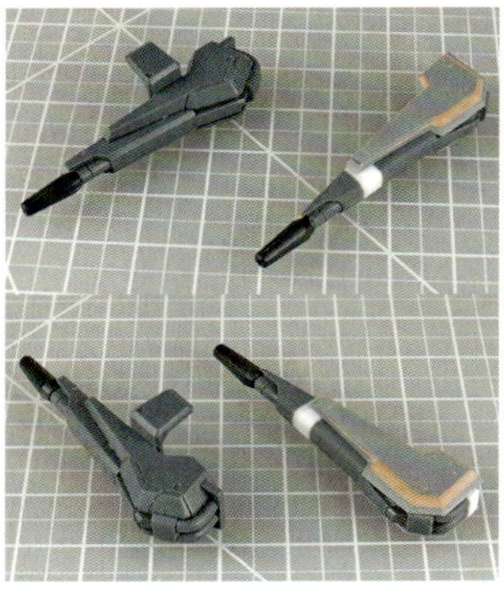

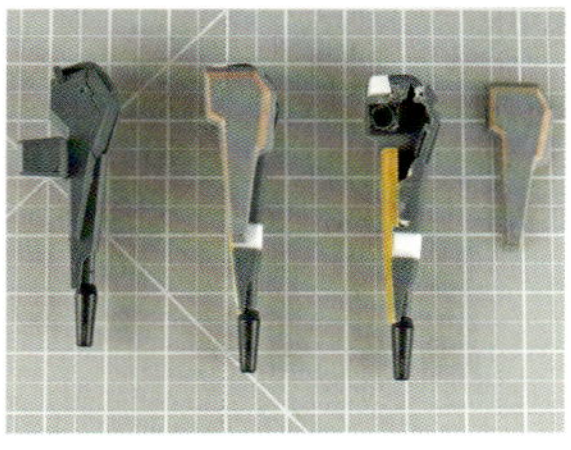

▲図面を引き、切り出したプラ板の積層＆ポリエステルパテでカノンの側板を製作。本体は中央部を下に3.5㎜ほど延長して、側面にプラ板を貼り大型化しています（なお、右図面中央の○がキットのポリキャップの軸受けの位置）

腰カノン側板

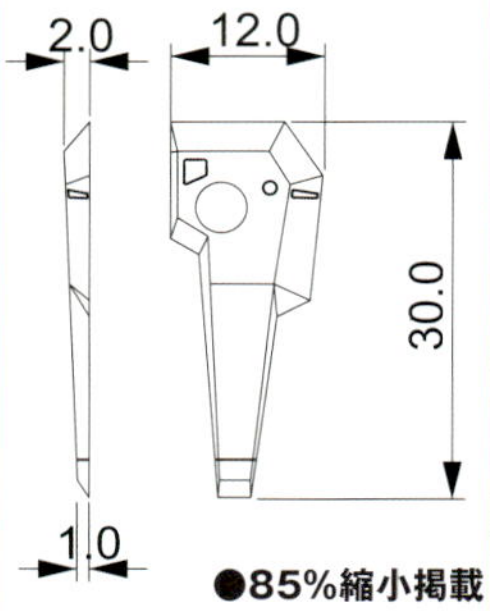

●85%縮小掲載

首のうしろ

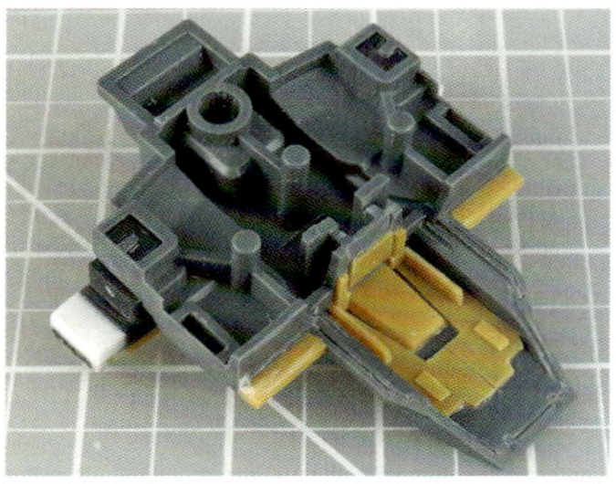

▲Zplusといえば首のゴチャメカ。過去の作例などを参考に0.3㎜、0.5㎜プラ板を切り貼りしてフレーム風のディテールを追加。見えづらいのであくまで雰囲気が出せればOKでしょう

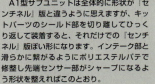

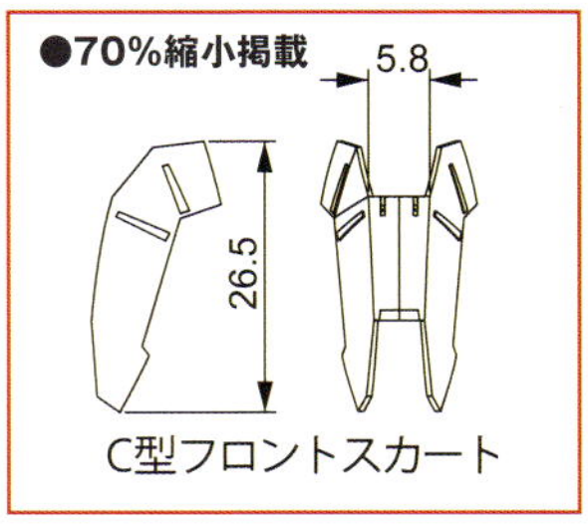

▲C1型のフロントスカートはHGUC製品に付属しないので、図面を引いて自作。旧キットは大きすぎるので、この図面をもとにプラ板工作するとピッタリです

C型フロントスカート

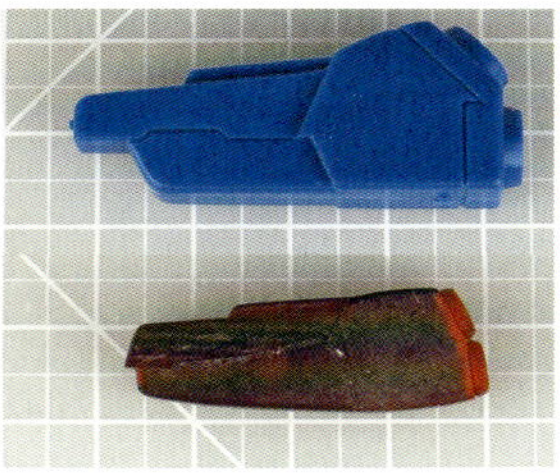

▲▶C1型にするならばテールバインダーに取り付けるバックパックを用意しなければなりませんが、旧キットのバックパックパーツは正直とても大きい。というわけでここは小さいものをスクラッチビルド。プラ板工作でもぜんぜん難しい形状ではありませんが、やんごとなき事情により3D-CADソフトで製作したデータがあったので（笑）、1/144サイズに調整して3Dプリンタで出力しました

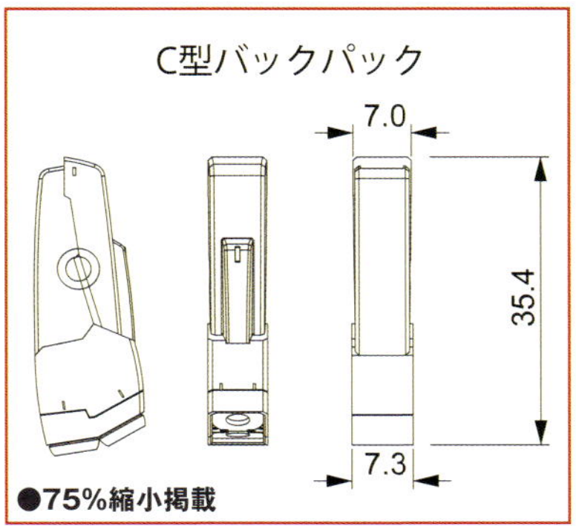

バックパック

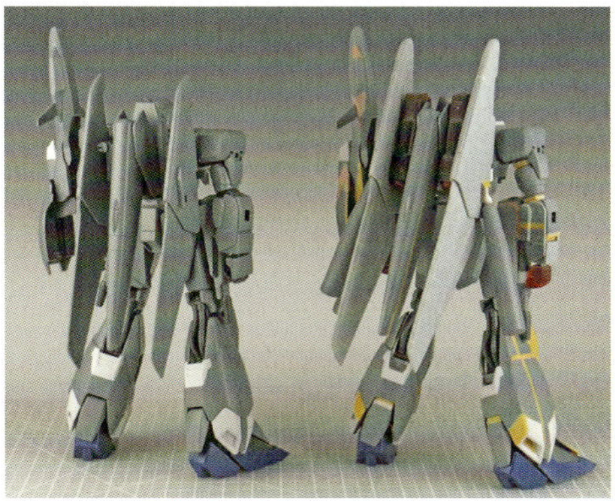

工作完了!!

●C1型装備を含めたパーツが揃ったところで改めて製品と比較（赤いパーツは3Dプリンタの出力品）。基本工作を中心にプロポーション修整を行なったボディに、さらにさまざまな道具や材料／テクニックによる大幅改造と自作パーツを追加することで、A1型からC1型へ変更。サイズを増したバインダーや大型化したビーム・カノン、エンジンユニットとプロペラントタンクの追加で、ボリュームも大きく増しています

イメージソースがF-16って……ほんとデスカ?

革新的なガンダム的“リアル”を構築した『ガンダム・センチネル』。MSに航空機のイメージを投影したゼータプラスは『センチネル』的リアルの代表格的なものだ。当初から「イメージソースは米空軍のF-16Aプラス」と明言され、ディテーリングや塗装もF-16のそれに従うべきとされていた（プラスという呼称もそこに由来する）。ゼータプラスが比較的安価なマルチロールファイターであると設定されたところには、ハイ・ロー・ミックス時代のF-16との類似性があり、２色のグレイの迷彩はF-16の塗装に使われる「航空機特色」が使われていた。逆の言い方をすれば、ゼータプラスでは、機体の塗装を見ただけで役割や立ち位置までもが連想できるようにバリエーションが展開されていったのだ。

オマケ 3D モデリングの現場

最近増えてきた3D出力品を使った作例。導入への初期投資や技術習得は大変ですが、身に付ける価値ある便利なテクです（3Dプリント協力／"CLUB-M 池田哲也"）

▼そんなときに便利なのがデジタルモデリング。正確に左右対称や鏡面対称が出せるし、ディテールも素材の強度や硬度を気にせず入れられる。やり直しも何度も効くしね

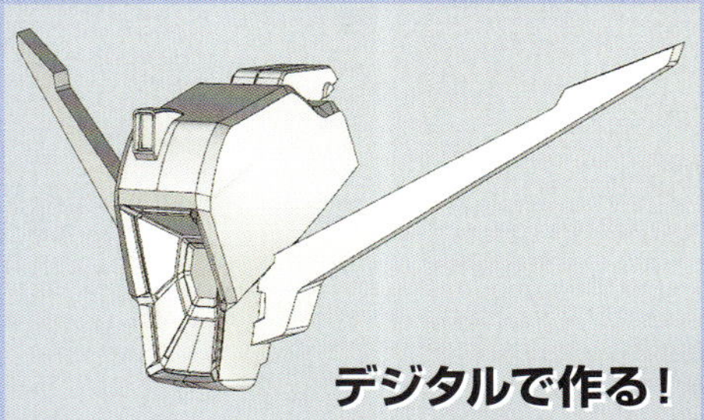

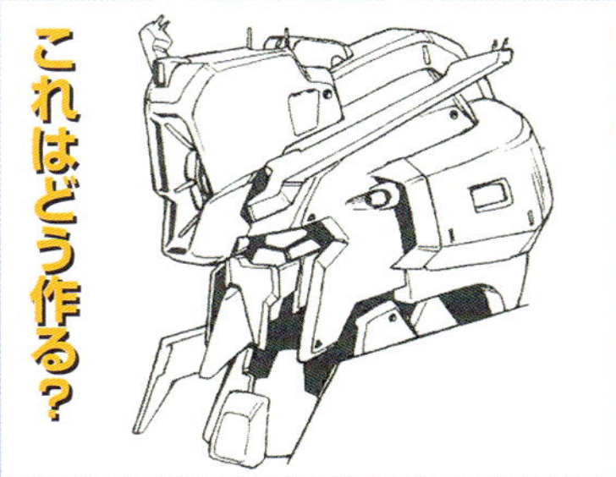

▲オマケとして、A2型ハイメガキャノンを例に出力までを説明。こういうカクいけどおわん型のパーツって、歪まないように自作するのはかなり大変

▼これはKuWa氏が趣味で出力したipadスタンド。こうした作品をインターネット上で公開する人もおり、それらのデータを出力……なんて楽しみ方もできる

▼400番の平ヤスリでていねいに処理し、サーフェイサーを吹いた状態。逆エッジのところにも積層跡が入る場合もあり、こうしたところの処理は手間がかかる。デジタルにはデジタルの苦労があるのだ

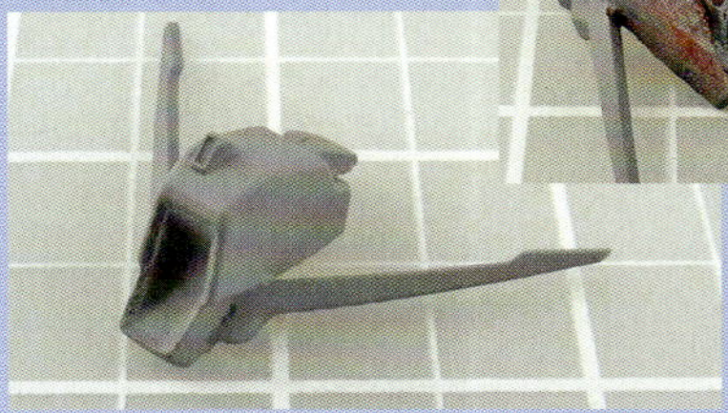

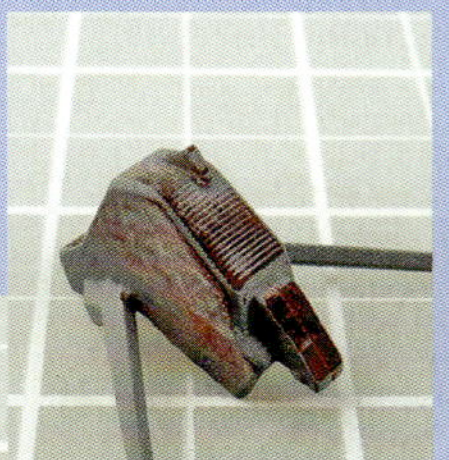

▲薄い層を積み重ねて立体になる3Dプリンタ出力品。そのため表面には積層跡と呼ばれるこまかい段差がついており、ヤスリなどで表面処理しなければならない。今回は繊細なディテールもないためそこまで気を遣う必要はなかったが、これが緻密なパーツだと積層跡の処理が大変

▼出力品には宙に浮いた部分を保持するために必要なサポート材というものがついている。ちょっと理屈としては違うのだが、ゲートやバリみたいなものだと思ってもらえればいいだろう。これを取り除く

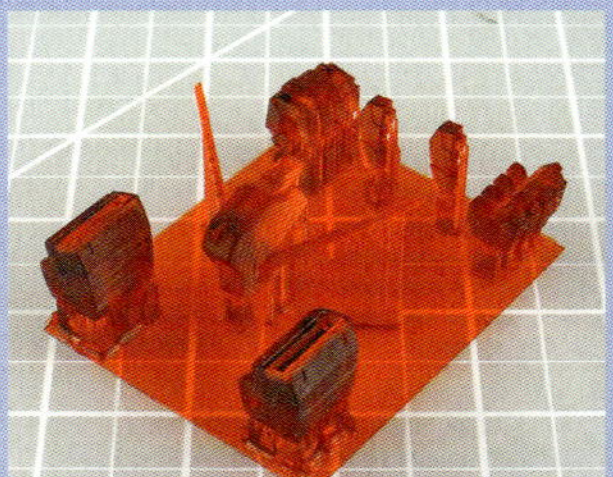

▲データを作ったら出力！　するとプリンタからこんなカンジで出てくる。樹脂液という液体に紫外線を当てて硬化させているのだ（ついでに手首パーツも出力しているぞ）。まずは表面の樹脂液を溶剤で洗う

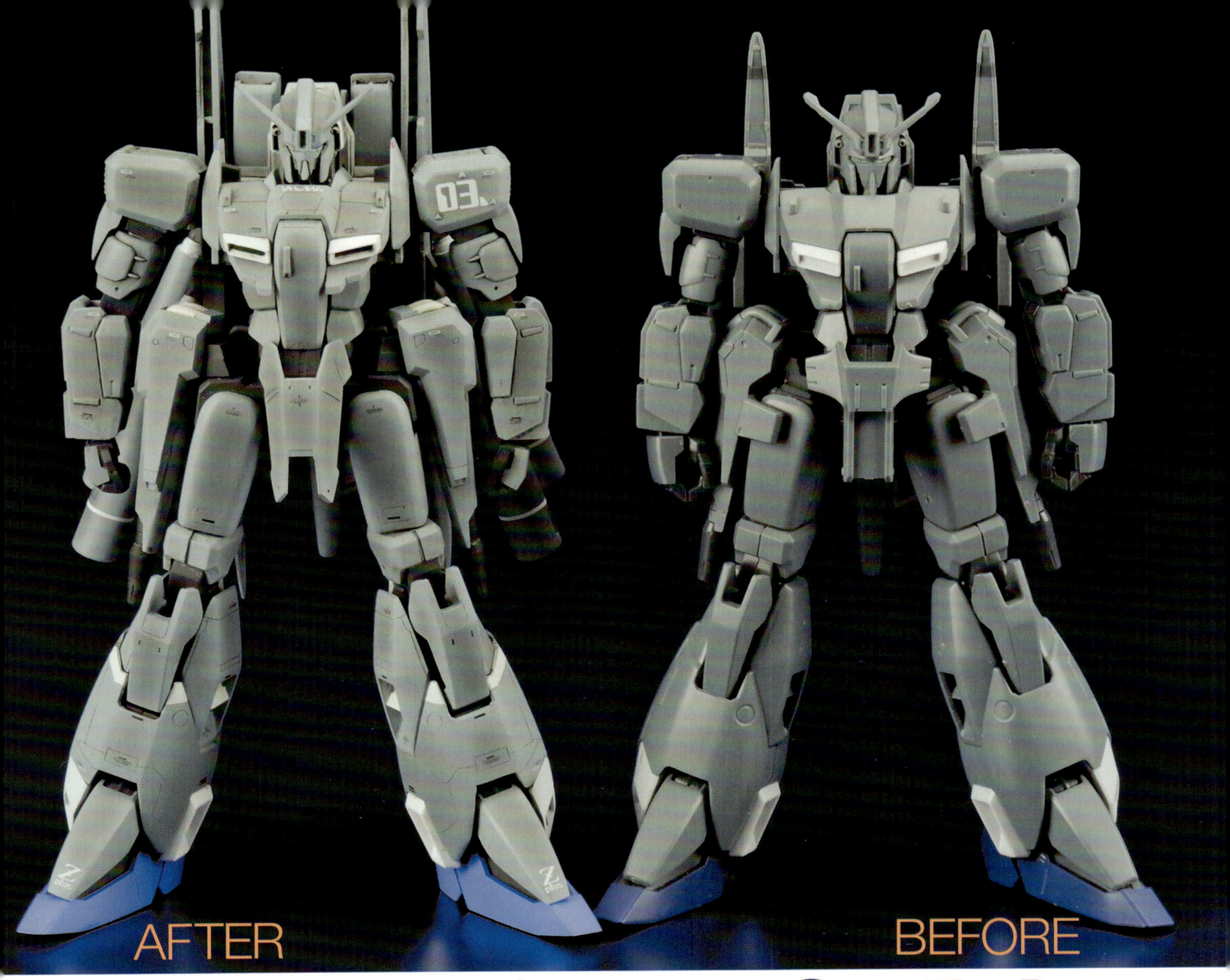

MSZ-006C1 Zplus

HGUC ゼータプラスでC1型を作る。

完成編

MSZ-006C1 Zplus C1型
BANDAI SPIRITS　1/144
「HGUC ゼータプラス（ユニコーンVer.）」改造
インジェクションプラスチックキット
発売中　税込2592円

製作・文／**KuWa** (FRAMEOUT MODELS)

『UC』版HGUCをベースにした『ガンダム・センチネル」版ゼータプラスへの改造製作法紹介はいかがだったろうか。ここでは完成形をじっくりご覧いただくことにしよう。最後に。紙幅の都合で今回はMS形態でのお披露目とし、WR形態はまたの機会に譲りたい（昔よくやった手口だナ。あ、もちろんWR形態になるようには作ってないので念のため）

◀作例は3Dプリンタ製のA2型額パーツも用意。あわせてキットパーツを加工したA型フロントアーマーも用意しているので、A2型風味にすることも可能（プロペラントタンクついてますガ）。まぁ、螺子頭ボンド選手の当時の作例がそうだけど、C1型がA2型頭部を装備することもあったって設定だしね

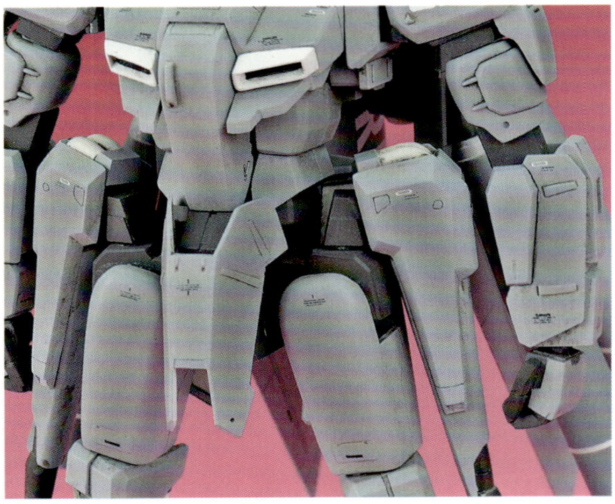

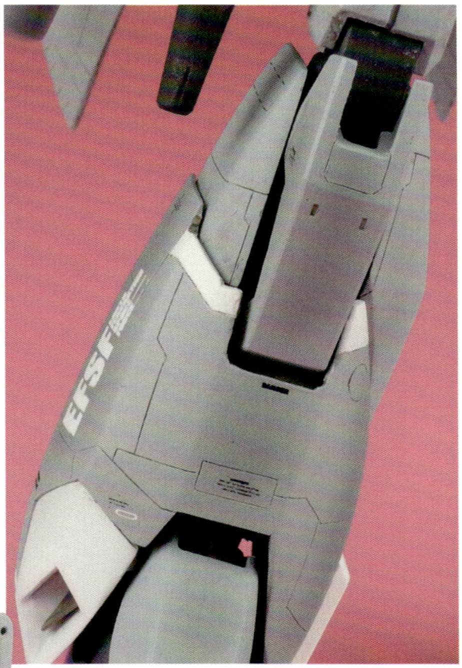

●バックパックは3Dプリンタで出力。旧キットより小型化した。ウイングバインダーは大型化するためにスクラッチビルドで新造
●『UC』版には付属しないA1型のサブユニットは、キットパーツとプラパイプを元に改造して製作している

●頭部を小顔化＆より平らに前後に長く見せるのは『ガンダム・センチネル版』っぽく見せたいなら必須工作。作例では全身に手を入れているが、胴と腕を長くして上腕の付き位置を少し外側に見せるだけでもかなり印象が変わるはずだ

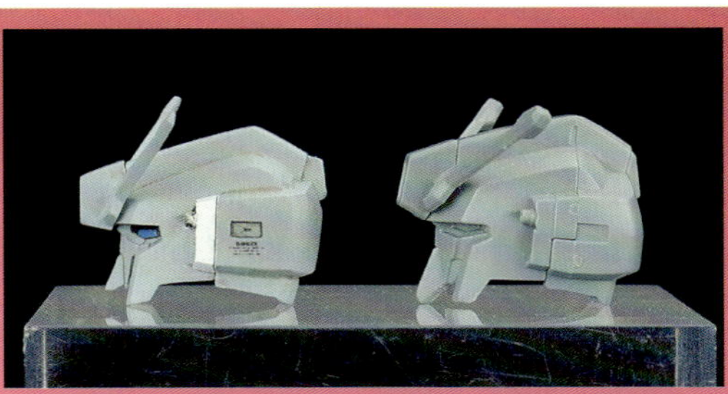

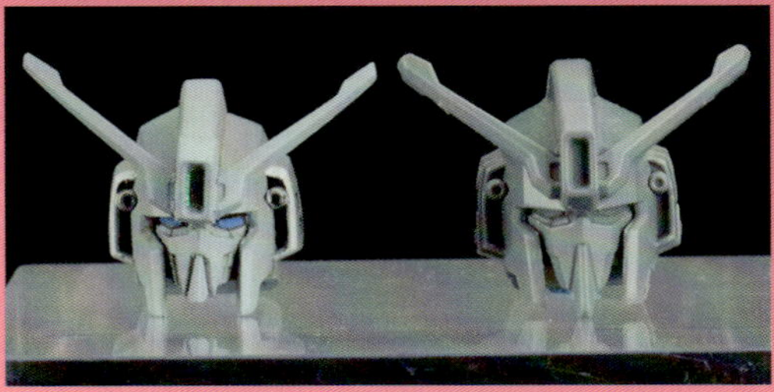

▲キットパーツを尊重しつつ改造した頭部ボリュームに注目。ここまで小顔化してこそZplusだ。当時の作例はモデラーや製作時期によって、これよりももっとクチバシが前に突き出ていたり、上下幅が潰れているものも存在する。まぁ、そのあたりは個々人の好みで追体験するとよいだろう

▼HGUC付属のサブユニットをゲージに製作したビーム・スマートガン。旧キットのものをゲージにするよりも本体とフィッティングさせたときの「らしさ」は上回る。ウェイブライダーにする際の噛み合わせを考えればなおさら

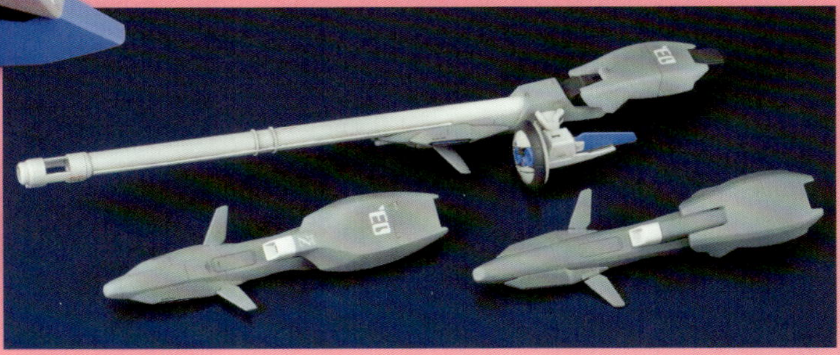

FA-010A FAZZ
BANDAI SPIRITS　1/144
インジェクションプラスチックキット
「フルアーマーダブルゼータガンダム」改造
製作・文／**KuWa**
(FRAME OUT MODELS)

EFSF PROTOTYPE MS
FA-010A FULL ARMOR ZZ
ARMOR SYSTEM
PRE PRODUCTION TEST TYPE

▲『ガンダム・センチネル』シリーズの旧キットは「ユニットの形状はなかなかよいものの関節のギミックやプロポーションが……」というものが多く、名物コーナーだった「キミにもできる」シリーズもそのあたりを重点的に手を入れていたが、FAZZの場合、中身をHGUCにしてしまえばギミックやプロポーションの難点が一挙に解決するのだ！

FA-010A FAZZ

皆一度は考える、「コレにアレを着せたら……」系企画
HGUC ZZに1/144 フルアーマーZZのガワを着せると——
いやいや、そんなに一筋縄にいきませんよね、やっぱり(笑)

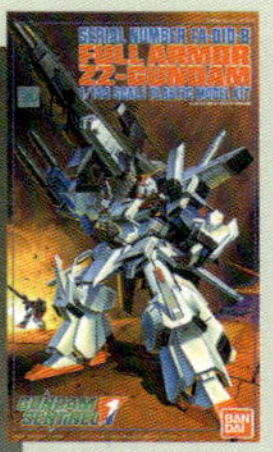

●アーマーパーツを使用した『ガンダム・センチネル』シリーズ第一弾 1/144 フルアーマーZZガンダム（写真上）。中身のZZは流用となっており、商品としても「FAZZ」と銘打たれてはいない。そもそもこれまでに「完全にFAZZとして新規に設計された」ガンプラは存在せず、大人の事情でZZ本体はいつも流用されてしまうという悲運の機体だ（MG FAZZも頭部など一部が新金型だがほぼMG フルアーマーZZのカラーバリエーションキット）。まあ、「アーマーが脱げないところが設定のミソ」「記号はいっしょだけどZZとラインがことごとく異なる」というややこしい成り立ち、しかも大型機とくれば、FAZZだけのために新金型……はムリよねぇ（苦笑）

「最近の仕様のキットが存在しないなら、古いキットのガワをHGUCやMGに着せちゃえば……」ガンプラモデラーなら誰もが一度は考えるパターンですが、深く考えると完成しなくなるので考えたら即実行！ とHGUCダブルゼータガンダムに『ガンダム・センチネル』キットシリーズの1/144フルアーマーダブルゼータガンダムを被せちゃってみたのが本作例。もちろん実際にやってみるとそんな簡単にはいかないわけだけど、できあがってみるとやっぱりカッコいいよね!!

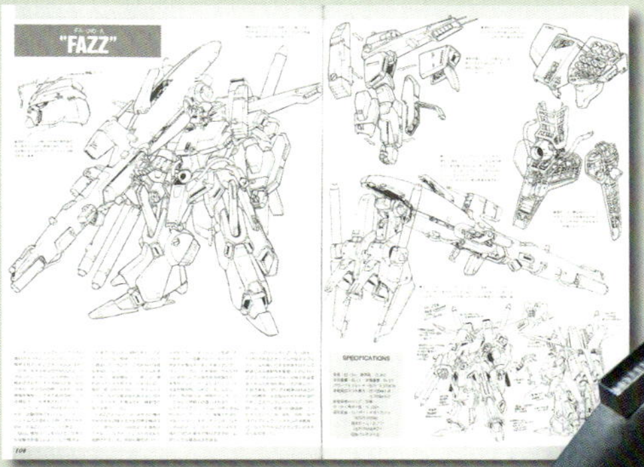

▲FAZZとしてもっとも印象が強いのは別冊『ガンダム・センチネル』掲載のカトキ画稿だろう。既存のZZ／フルアーマーZZのデザインラインとはニュアンスが大きく異なるので、超大改造をしない限りキットベースで画稿に似せて作るのはほぼ無理

Model Graphix
2017年5月号
掲載

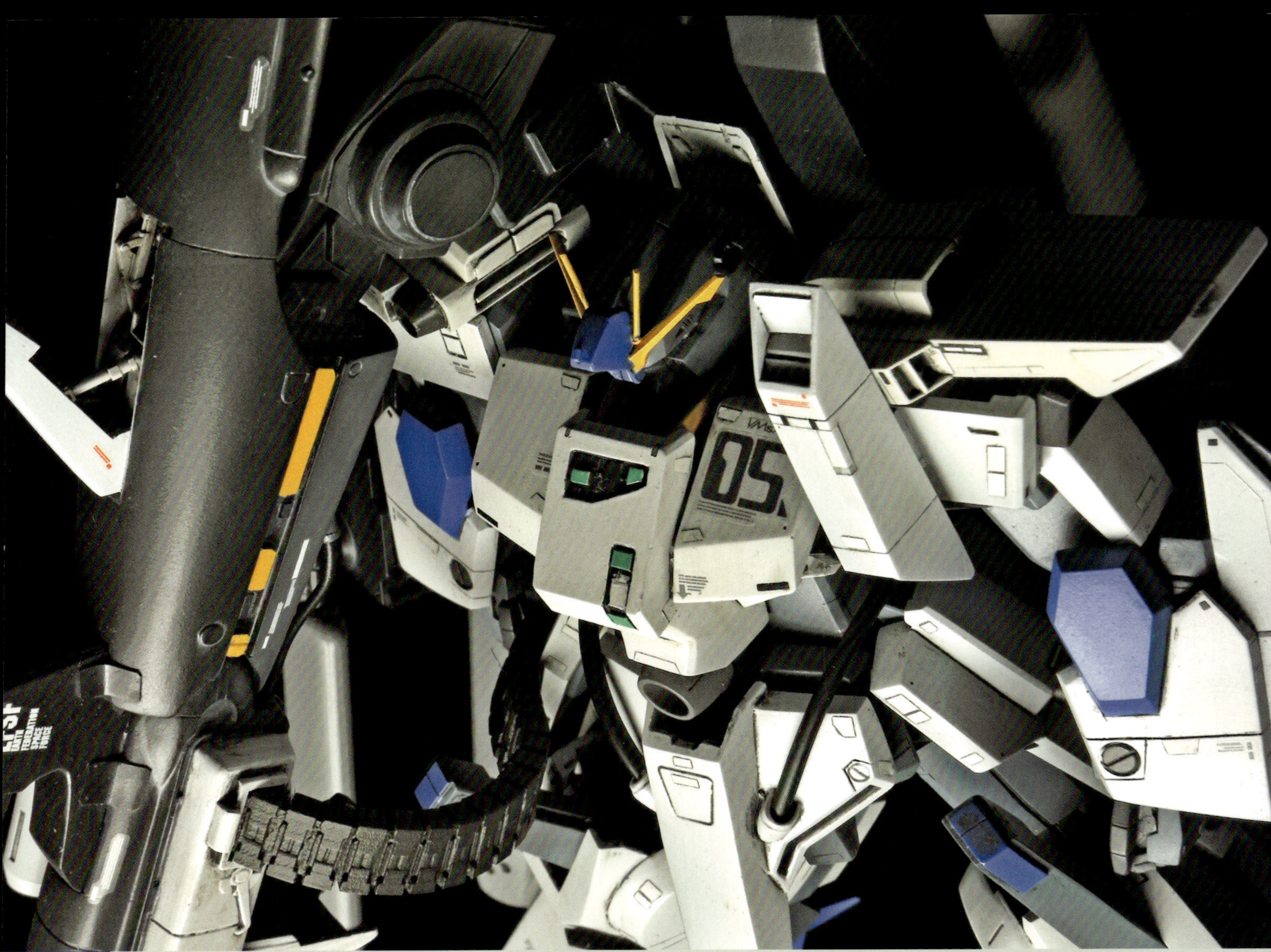

文句ナシの秀作キット HGUC ZZガンダムに旧キットを被せて作る 1/144 FAZZ

FA-010A FAZZ

BANDAI 1/144 based

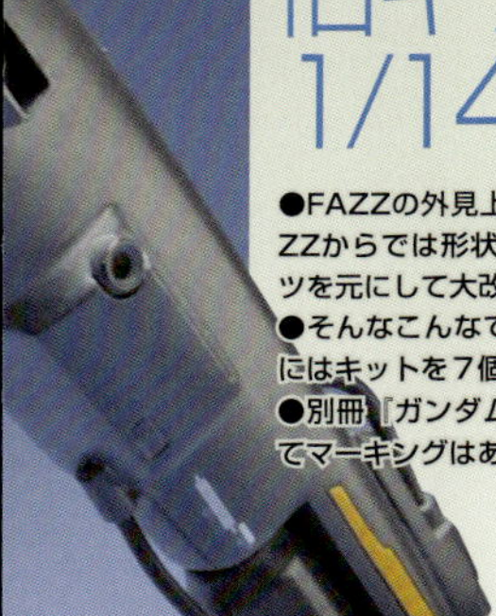

●FAZZの外見上の最大の特徴のひとつである頭部は、HGUC ZZからでは形状が違いすぎるので、HGUC Sガンダムのパーツを元にして大改造。カトキ画稿のテイストを盛り込んでいる
●そんなこんなで、単にHGUCに被せるつもりが、結局最終的にはキットを7個も使用……そのあたりの詳細はのちほど
●別冊『ガンダム・センチネル』掲載作例へのオマージュとしてマーキングはあえて控えめに仕上げている

HGUC ZZガンダムベースで作るFAZZ。大改造になるのは目に見えていましたが、可能な限り製品を活かしたミキシングビルドで製作しました。

自分の持つFAZZのイメージは、ガチムチというか、筋肉質の力士というか、太いけど引き締まっている感じ。そんなイメージを出せたらと、HGUC ZZは肯定しつつも、『ガンダム・センチネル』のカトキ画稿やGFF、MG FAZZ開発用イラストあたりから、活かせるディテールや形状を拾ってまとめました。ご存じのとおり、『ガンダム・センチネル』画稿とGFF以降の絵はかなりラインが異なるのでどちらをどのように取るか難しいのですが、とくに悩んだのが胸の形状。今回は実際にパーツを被せても着ぶくれ感が出にくい後者を採用しました。おかげで立体として引き締まったカンジになったのではと思います。

◆ディテール工作、塗装

今回ディテール工作のほとんどは塗装後に行なっており、'80年代に流行っていた全身のパネルディテールをハセガワの「曲面追従シート」で再現してみました。プラ板よりも薄くてスケール感も損なわず、ノリもしっかりして貼りやすい。ハイパー・メガ・カノンの黄橙色部分にも使っています。ディテールは各種画稿や過去作例から適宜拾って追加、FAパーツはあくまで装甲と考えあまり入れすぎないようにしました。

塗装はF・15系塗料の濃淡2色でZプラス同様の迷彩パターンを再現、他の色は過去作のZプラスと同色を使って統一感を出しています。ホワイトに関してはZZ部分とFA部分で色味を変えてアクセントにしました。その後パネルディテールを浮かび上がらせるため、AKインタラクティブのAK094とAK302でウェザリング。

というわけでHow toというには盛りだくさんな内容となりましたが、ただ被せるだけでいえば無理難題でもないので、これを参考に強化型ZZを作るなり、FA固定でFAZZを作るなり、できるところを拾いつつ楽しんでみてください。■

FA-010A

●ハイパー・メガ・カノンのベルトは、フル可動のものをデジタルモデリングで出力して製作。一体成型ながら可動する構造はデジタルモデリング／出力ならではのものだ。この手のベルトはうまく合う流用パーツがなかなかないのよね……
●ハイパー・メガ・カノン基部には多重関節を仕込み、画稿のイメージの角度にできて、なおかつ模型的にしっかり保持できるように作り込まれている。FAZZにおいてはハイパー・メガ・カノンの角度や位置が全体のフォルムイメージを大きく左右するのでとても重要な改造ポイントと言える
●主要ロゴはGFF Ex-Sガンダム付属のデカールを贅沢に流用

FA-010A
FAZZ
BANDAI 1/144 based

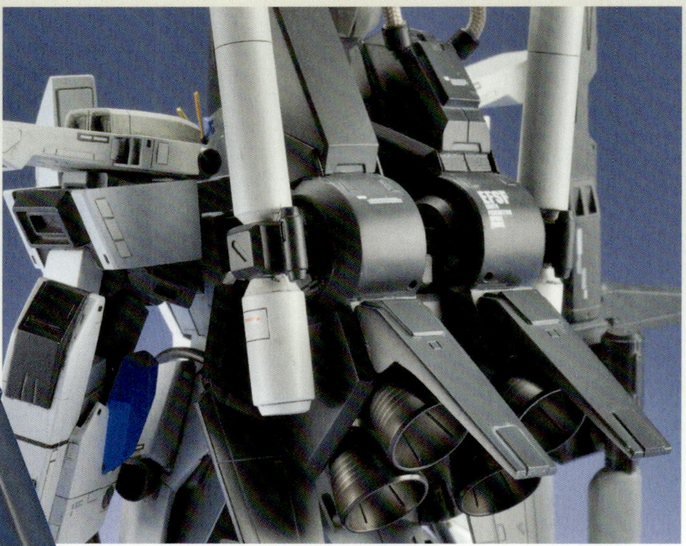

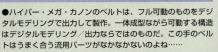

いつになってもなかなかできない、
「HGUCでゼータプラスとFAZZを並べる」
という夢を大改造作例×2で実現。

"脱げない"からこそのFAZZ……でもそこをあえて脱がせちゃってみた――

『ガンダム・センチネル』当時、FAZZはアーマーが脱げないところがいかにも試作機っぽく、その配色と相まってモデラーに「その手があったか！」とヒザを打たせた機体。でも、いまとなっては逆に「FAZZ準拠のZZ、きっとカッコいいんだろうな」と思っちゃうのでは。そこで、邪道なのは重々承知しつつも、脱いだ状態でも見られるように製作。磁石を多用してダボ穴なしでアーマーが脱着できるようにしてみた

◀脱がしちゃうなら、ということで通常のZZガンダムの頭部も製作。でもやっぱり、脱がしてもFAZZ頭のほうがカッコいいよなあ……。ちなみに、FAZZ頭はダミーのハイメガ砲の砲口を埋めたりするとオシャレです

アーマーが脱げないからこそのFAZZ……
そこは重々承知のうえであえて脱がしちゃうカッコよさ

“フルアーマー”なZZといえば……やっぱりこれ!!

君にも作れる!? 1/144 FAZZの攻略法

作る人：KuWa
(FRAME OUT MODELS)

◀今回のFAZZ外装はGFF版と設定画の折衷案としつつ、ディテーリングや仕上げは単行本『ガンダム・センチネル』掲載の牛久保氏の1/100FAZZの雰囲気や、'80年代のテイストを盛り込む

「カッコいい1/144 FAZZがほしい！」、これは『ガンダム・センチネル』ファン永遠の夢のひとつ。HGUC ダブルゼータガンダム（HGUC ZZ）が発売されたので、1/144フルアーマーダブルゼータガンダムの外装をつければFAZZにできそうなものですが、御存じのとおりフルアーマーZZとFAZZは似て非なるもの……そこで具体的な改修プランを考えて実行してみましょう。

使用キット一覧

今回は可能な限りキットパーツを利用したミキシングビルドでFAZZを製作。使用したキットは７個とかなりの数になったけど、主要アイテムのキットばかりなので……みんな持ってるよね？

- HGUC ダブルゼータガンダム×2
- HGUC ゼータプラスA1型（足首、翼）
- HGUC Sガンダム（頭部）
- 1/144 フルアーマーダブルゼータガンダム（アーマー、各ダクトなど）
- 1/144 Sガンダム（ビーム・カノン、膝ユニット）
- MG Sガンダム（バックパック）

HGUC ZZに旧キットのフルアーマーを被せ……られる?

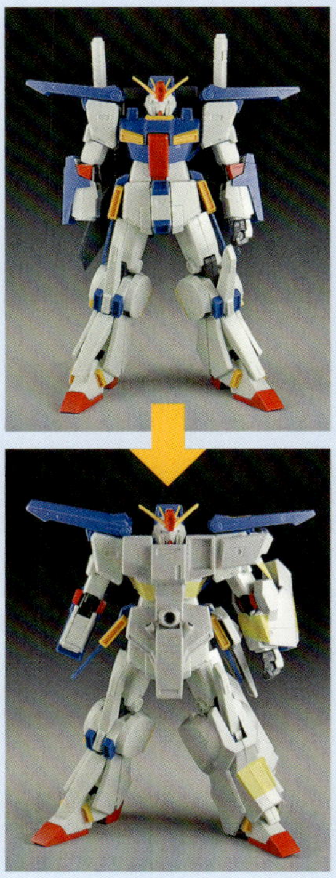

HGUC ZZは非常にプロポーション良好なので安心して素体にできる。いっぽうの1/144フルアーマーダブルゼータガンダムのフルアーマーパーツは約30年前の設計で、なおかつ当然のことながらそのままではHGUC ZZには合わないので、①素体のZZにタイトに被せるための改修、②現在の目線で必要な形状修正、③ディテールアップ、この３点をできるだけキットを活かして行なうこととした。

また、FAZZはフルアーマーZZの評価試験機で外装はすべて固定されているという設定なので中まで見えないのだが、つい外した姿も見たくなる……ということで、今回は邪道を承知であえてアーマーを取り外せるスタイルで製作。ZZZ単体での力強いプロポーションの再現も同時に目指すこととした。ここではFAZZ化の工作を中心に紹介していく。

◀HGUC ZZにそのままフルアーマーパーツを被せたところ。意外とすんなり着せられるのだが、スキマだらけなうえFAZZの画稿には似ていないので相応に手を入れる必要がある

頭部

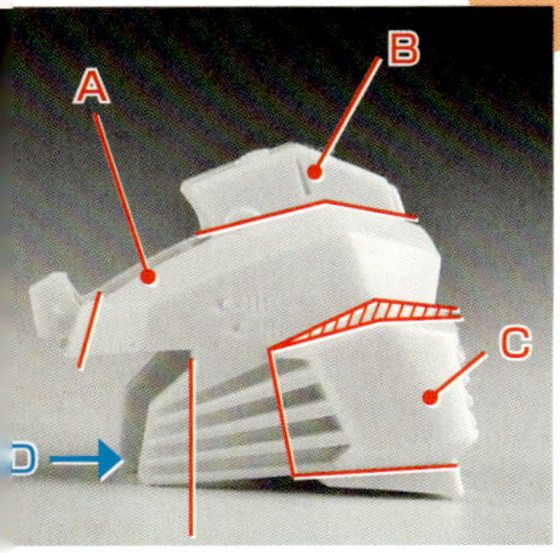

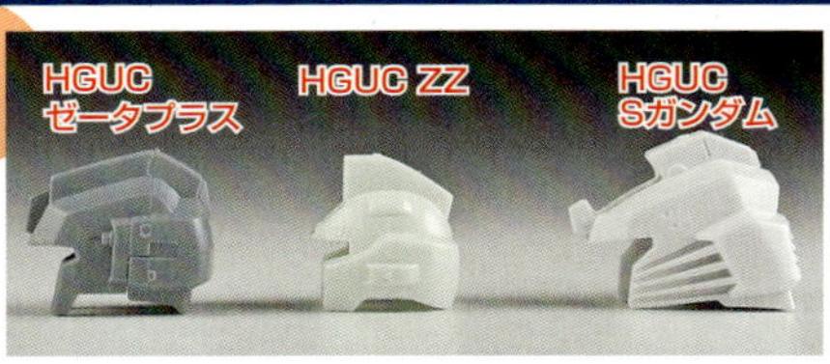

▲頭部はZZガンダムとFAZZとでもっとも形状が異なる部分。思案の結果、HGUC Sガンダムの頭部を芯にすることに。FAZZ頭部の側面アウトラインはSガンダムと酷似している

◀エッチングソーを使い、赤いラインでカット。Aの部分（ヘルメット左右幅）は0.5㎜幅増し、Bはそのまま、Cの後頭部は左右で2～3㎜幅増しして組み立て、AとCは側面の膨らみを抑えるように削り込んでから3つを組み合わせた。Dの部分にはHGUC ZZの頬ダクトを切り取って接着する

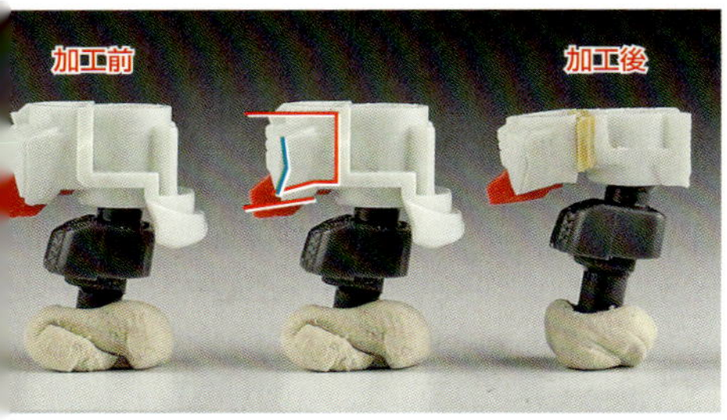

▲マスク部はエリ、顔を切り離して0.8㎜プラ板を挟んで顔を再接着。顔とアゴは側面から見て赤いラインでカットして小型化、顔のスジも一度瞬間接着剤で埋めてからデザインナイフで緑のラインになるよう彫り直した

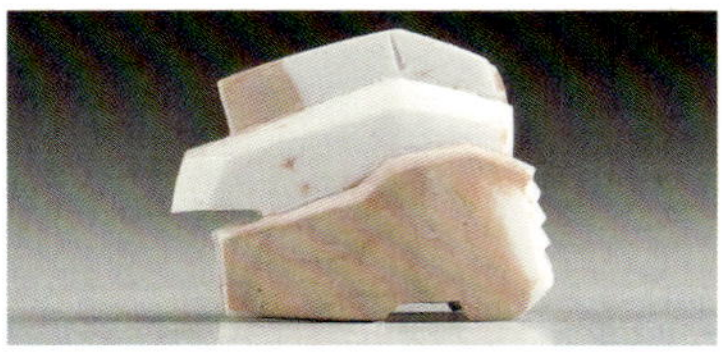

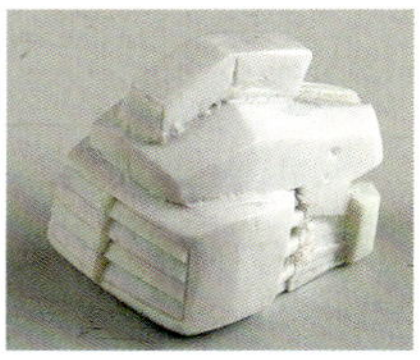

◀▲ポリエステルパテを盛った部分の整形が終わったところ。頬ダクト内はくり抜いてパテを一度詰め、デザインナイフで慎重にくり抜いて2重構造のダクトを再現した

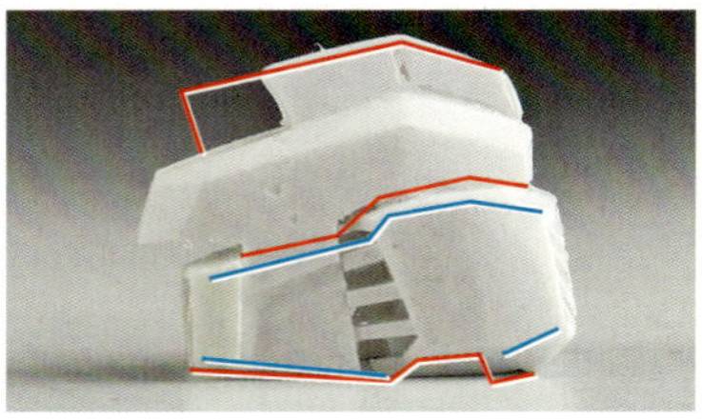

◀▲足りない部分をポリエステルパテで追加する。頬の部分は赤いラインに沿ってポリエステルパテを盛り、青線にエッジの頂点がくるようにヤスリで整形

足首

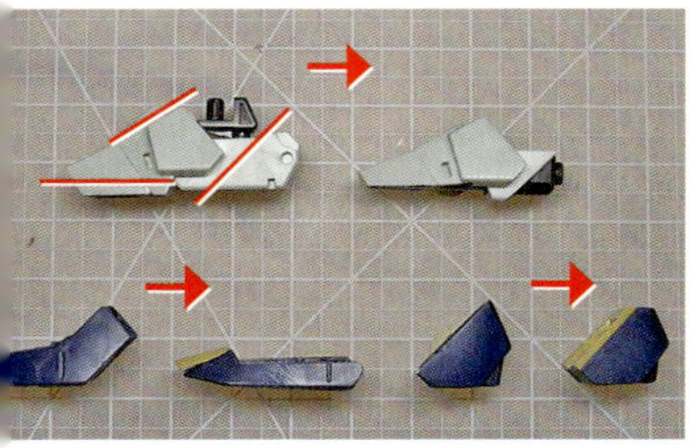

▲ZZの足首パーツは後端を斜めにカット、前部も下側を１㎜カット、甲も赤線の部分を削った。ゼータプラスのソール先端は後端をカット、先端部上面にプラ板を貼り、先端部の下側を斜めに削り落とすことでFAZZの形に近づけた

▲FAZZの足首は設定画を見ても相当に長く、またかかとも独自の形状をしているので要工作。ソール部はHGUC ゼータプラスの足首（写真右）を組み合わせることで細身にできる

▲頭部が完成。アンテナはHGUC ゼータプラスのものに先端にプラ板を貼って矢印状に加工している。ハイ・メガ・カノンは後ろに2㎜程度延長して現物合わせで組み付けた

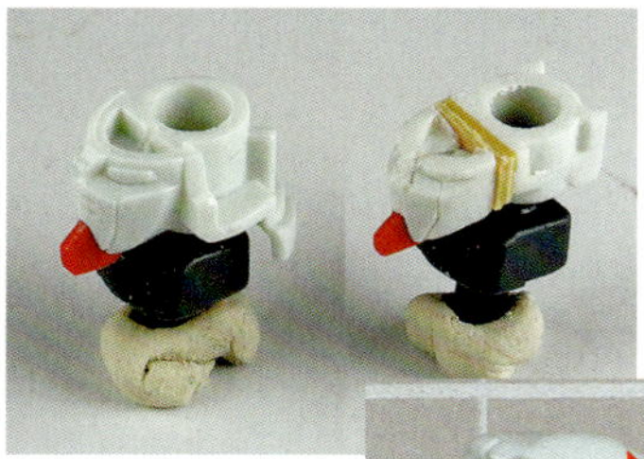

▲▶フェイスパーツの内側中央をニッパー等で切り欠いてから、左右から力を入れて潰す。気持ち細面になるよう横幅を変形させた

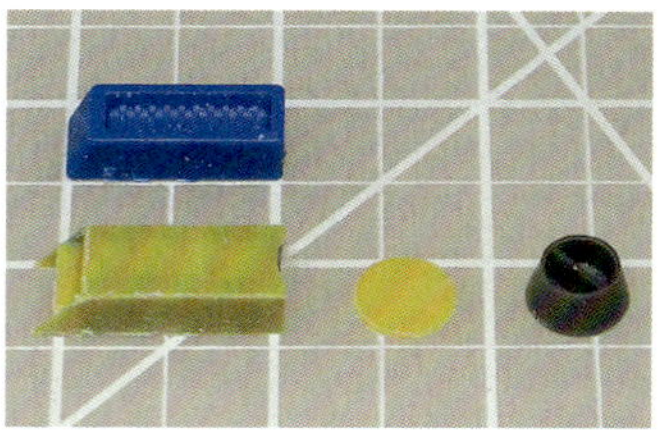

▲肩プレート側面のダクトは、HGUC ZZの膝前方ダクト（パーツB9）を0.3㎜プラ板で囲ったもの。マルイチモールドは市販パーツ（コトブキヤMSG マイナスモールドⅡ）。ただ高さが少し足りないので、底面に同型の0.3㎜プラ板を貼った

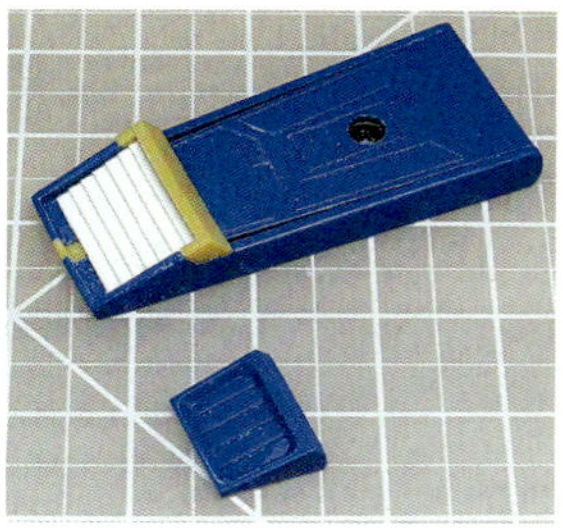

▲FAZZの肩プレートの裏側はフィンの形状が著しく大型化している。この部分はエバーグリーンのプラ板を貼ってスリットを大型化した

肩

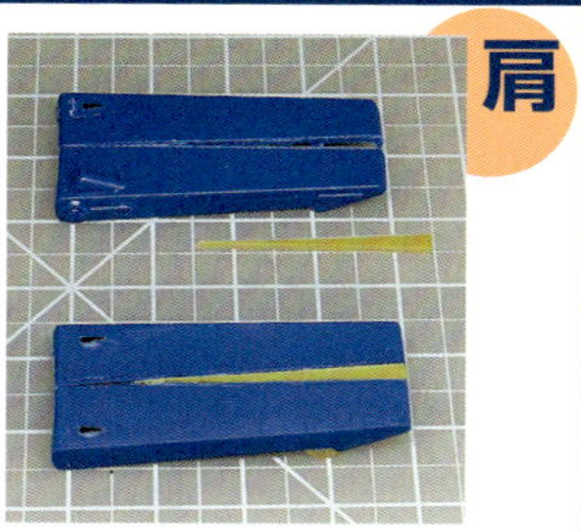

▲肩は旧HG ZZの組み立て説明書のカトキ氏イラストを参考に修正する。中央でカットしてからくさび形にプラ板を挟んで左右の幅を増す。先端部で2㎜幅増しした

▶カットした足首とソールを組み合わせ、ポリエステルパテで各部ラインをつなげるようにして整形。黄色いダクト部は台形にしたく、HGUC ZZのふくらはぎ後ろのダクト（パーツA31）を切り詰めて貼り付けている。足首を少し引き出せるよう足首の軸を数㎜延長、かかとも設定に合わせて、プラ板積層で作ったパーツを装着した

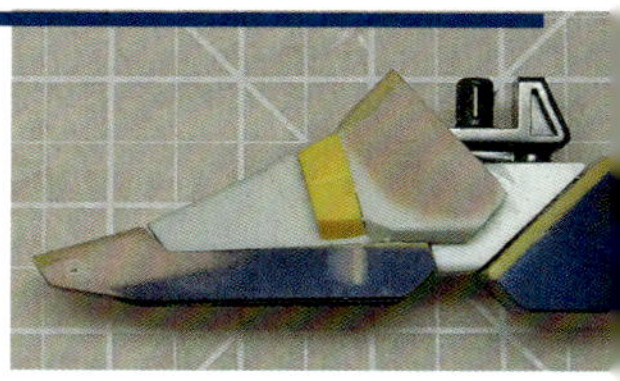

バックパック

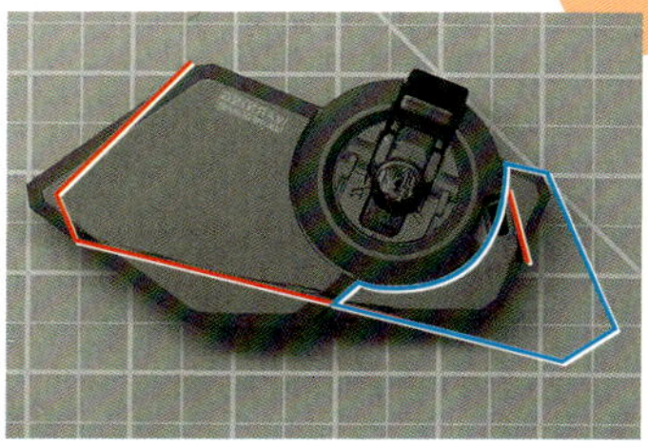

▲芯となるのはMG Sガンダムのバックパックパーツ。赤いラインでカットし、フチの部分にプラ板を切り出したものを貼り付ける

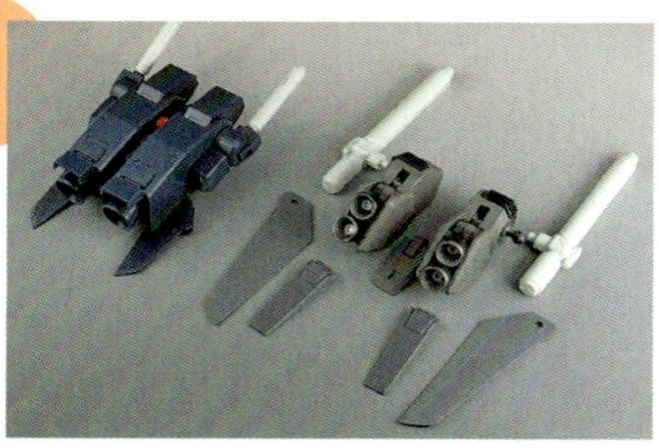

▲FAZZのバックパックは、MG Sガンダムのバックパック、HGUC ゼータプラスの主翼、フルアーマーZZのバーニアカバー、HGUC ZZのバックパック、1/144 Sガンダムのビーム・カノンを組み合わせる6コイチのミキシングビルドだ

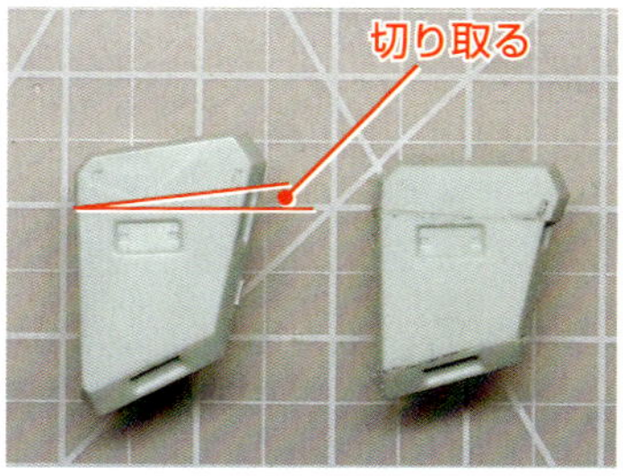

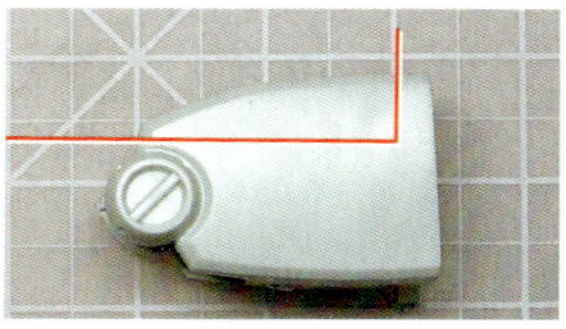

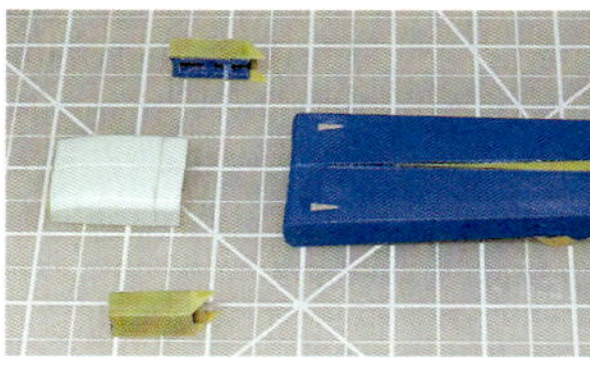

▲▶肩プレート上部のダクトは、HGUC ZZのモモパーツを線の位置で切り取って加工したもの。肩アーマーは、上部が水平になるようくさび形にカットして再接着する

▶特徴的な長いミサイルコンテナはHGUC ZZのコンテナ（パーツG8のコンテナ部を切り出して使用）を2個つなぐことで延長し、足りない部分はプラ板で補うことで製作した。バーニアはHGUC ZZ×2の計4個を、MG Sガンダムのバーニア基部と組み合わせている

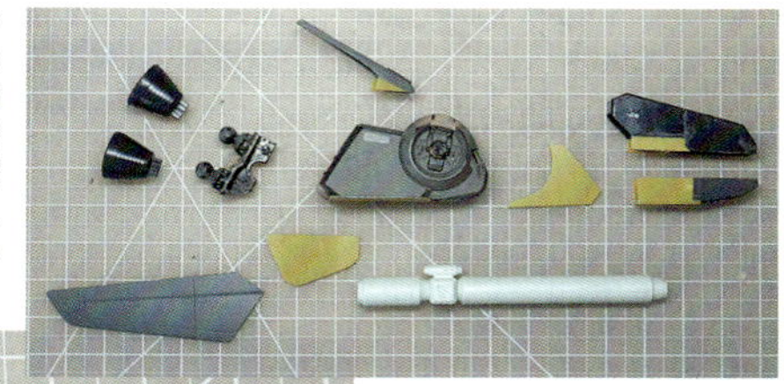

◀バックパックと本体をつなぐ基部もHGUC ZZのバックパックを切り離してプラ板で囲み、上にMG Sガンダムのバーニア上カバーでフタをして製作した

▶バックパックの主翼はHGUC ゼータプラスのものを赤線の位置でカットし、プラ板で受けのパーツを作る。図の「上」1㎜、「中央」1・5㎜、「下」1㎜の厚さでプラ板を切り出し、それらを貼り合わせると完成（※P27に図面を掲載）

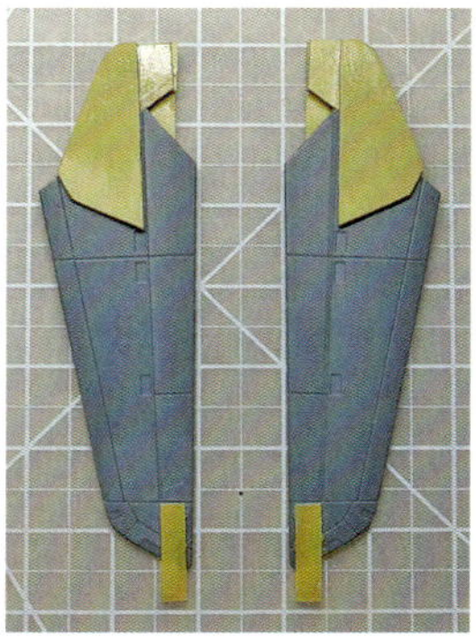

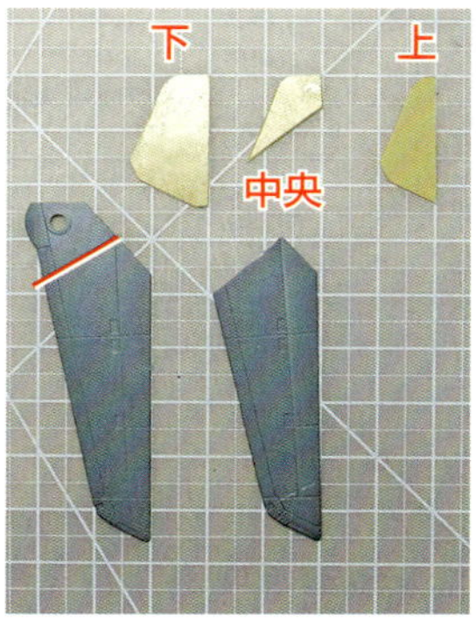

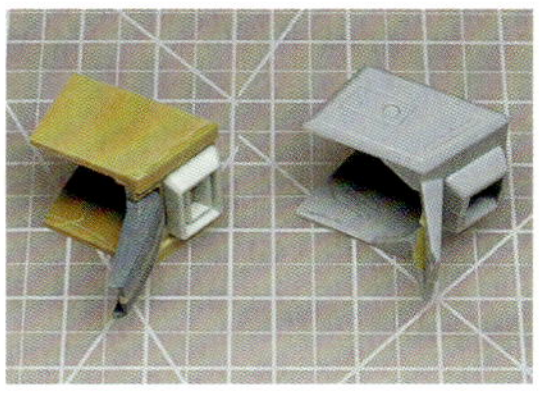

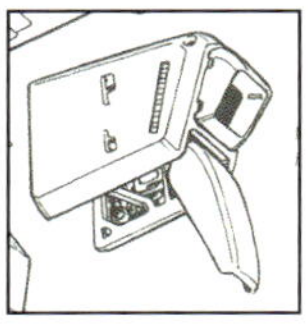

▲▶フルアーマーZZの肩外装はFAZZのイラストと印象が違う。プラ板を肩の幅に合わせて新造することに

アーマー（肩）

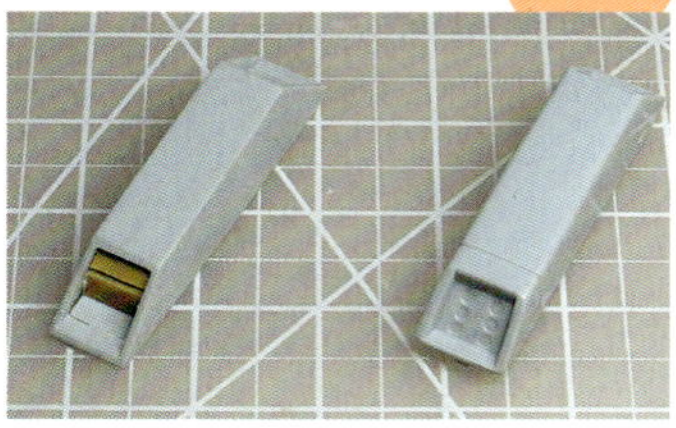

▲ここからはいよいよ外装の攻略。1/144フルアーマーZZの肩スプレー・ミサイル・ランチャーは内側をGFF版ハッチ状ディテールに変更、各面を削って面をシャープにした。ここはお好みで

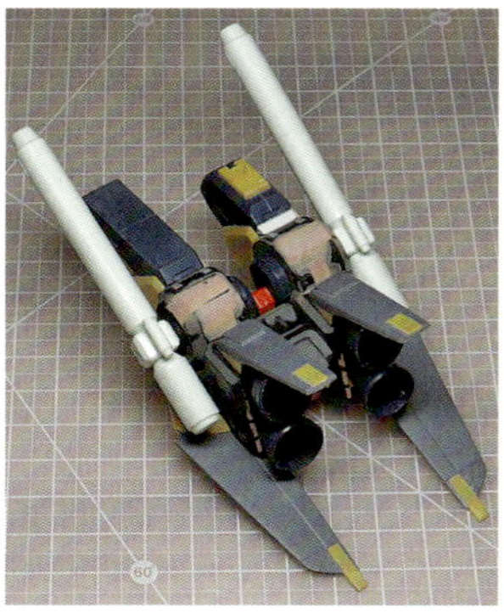

◀組み立てたところ。旧1／144 Sガンダムのビーム・カノンを装着。右側のハイパー・メガ・カノン装着基部は、HGUC ZZのミサイルコンテナパーツを芯に、プラ板でディテールを追加した程度

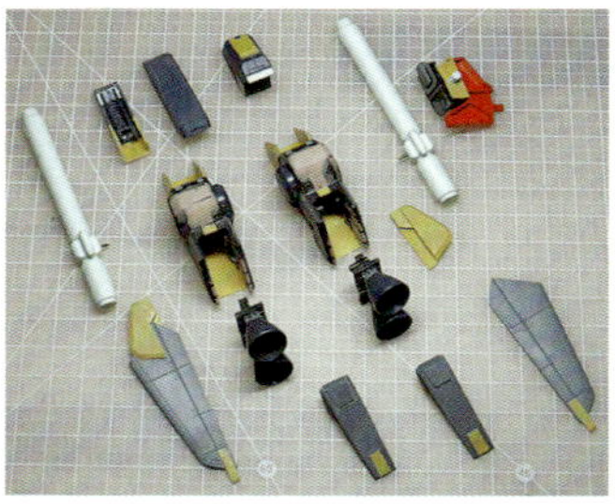

▲全パーツ。アウトラインを調整した箇所も多いが、可能な限りキットパーツを使っている。バーニア基部はウェーブ・プラサポのPC-03を使ってボールジョイント接続に変更した

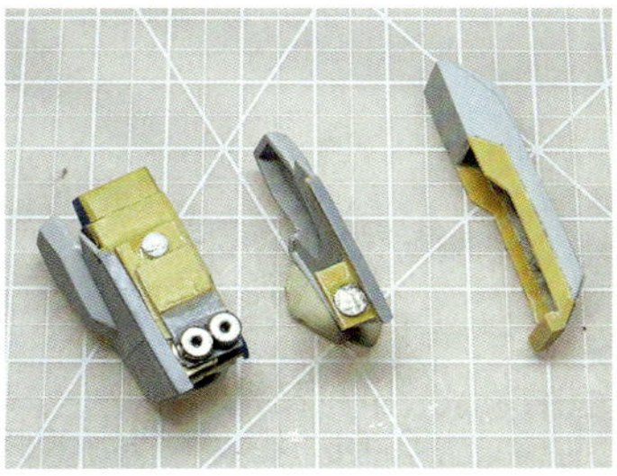

▲前腕アーマーをヒジ外側から見たところ。黄色い部分がプラ板を貼り足したところだ。ミサイルランチャーと外装の取付けにはネオジム磁石を使った

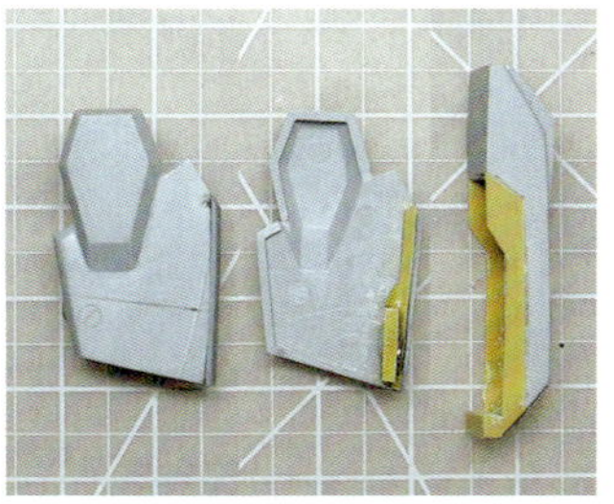

▲先ほど切り離した肘ミサイルランチャーは、余計な部分を切り離したあと、面に沿うかたちでプラ板を貼り足しておく。設定画を参考にもう少し大型化させるカンジ

▶前腕アーマーの小型化。パーツの左右を一度接着したあと、赤いラインで肘部を分割、端の部分にはプラ板を貼り足す。また横一文字に走るモールドも設定画と似ていないので緑のラインに彫り直す

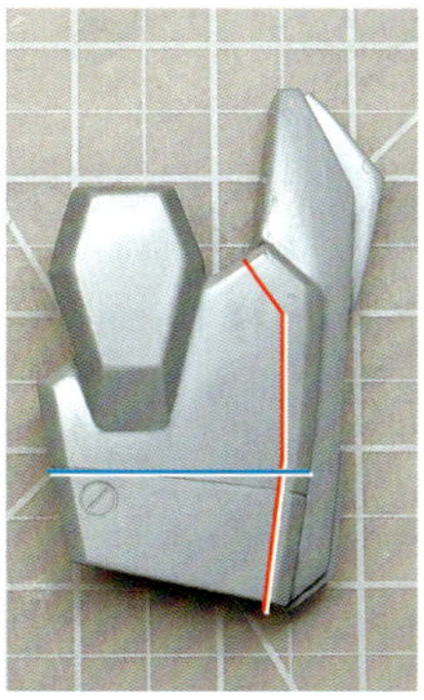

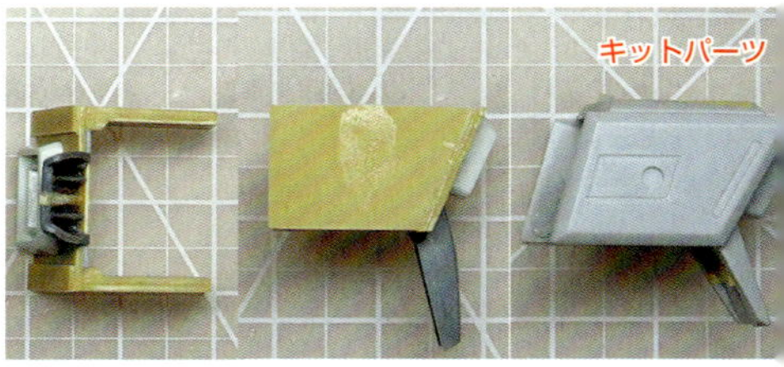

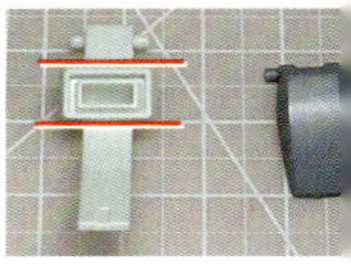

▲プラ板で自作した肩外装（※P27に図面を掲載）。側面ダクトはHGUC ZZのふくらはぎの四角いダクト（パーツE8のダクト部）を、側面カバーはHGUC ゼータプラスの足首後部カバーを1㎜幅増ししたものを使用した

アーマー（胴体）

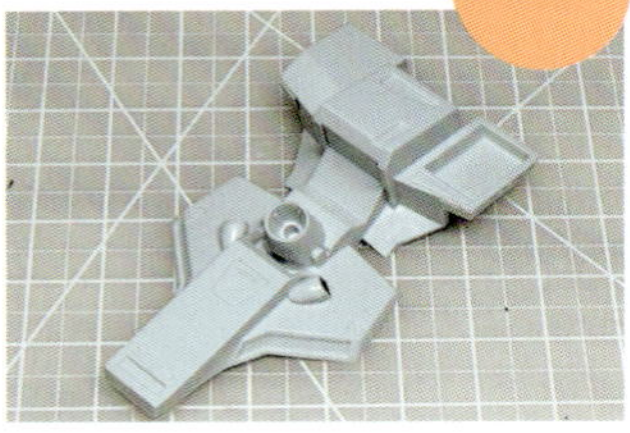

▲1/144フルアーマーZZの胴体アーマーは一体パーツ、かつ上下に間延びしているのがつらいところ。胸部上面装甲3ピース、腹部、腰の計4パーツに分割して調整していく

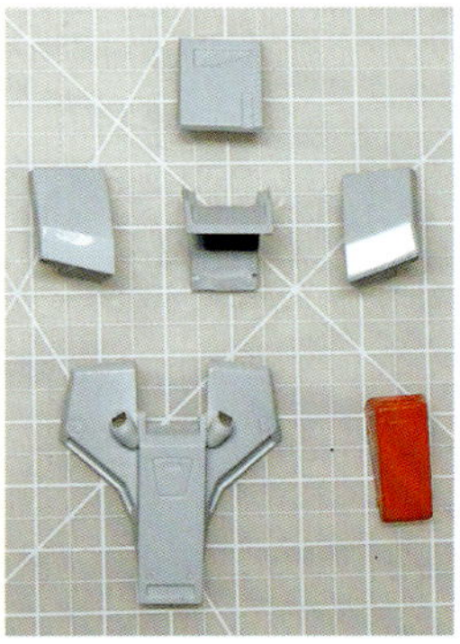

◀分割したところ。腹部のメガ粒子砲のディテールはいまいちなので今回は使用しない。腹部はHGUC ZZの赤いコクピットブロックごと差し替えることとし、赤いパーツに直接プラ板を貼り付けて作る

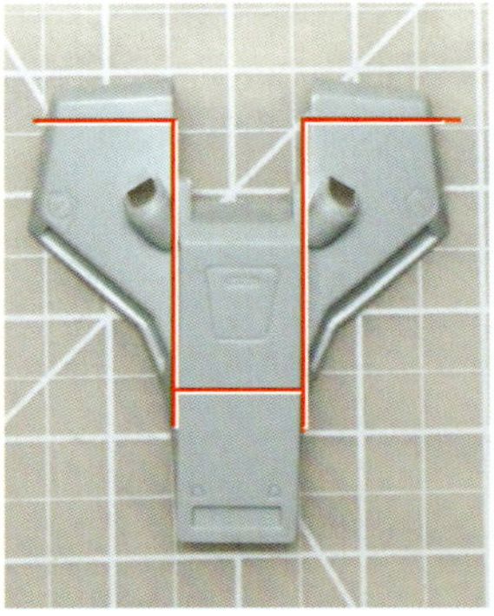

▶腰外装は、赤線の位置で中央部を上下に、また左右部もカット。中央部はプラ板で10㎜延長した

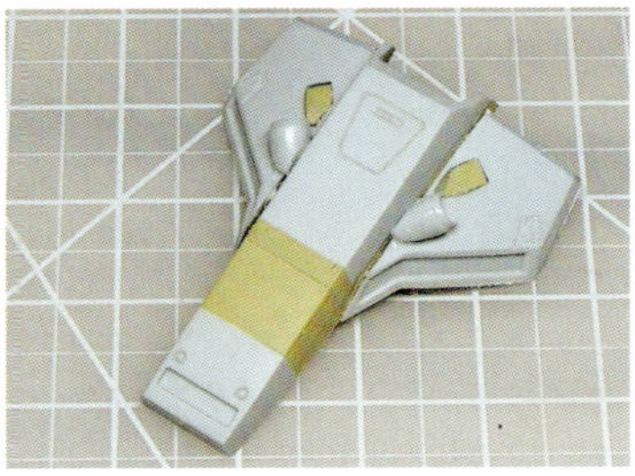

▲左右の部分は上端を右写真の赤線の位置でカットしたら、中央部と上端を揃えるように合わせて再接着、チューブが付く受けの部分を切り離してから下にずらして再接着した

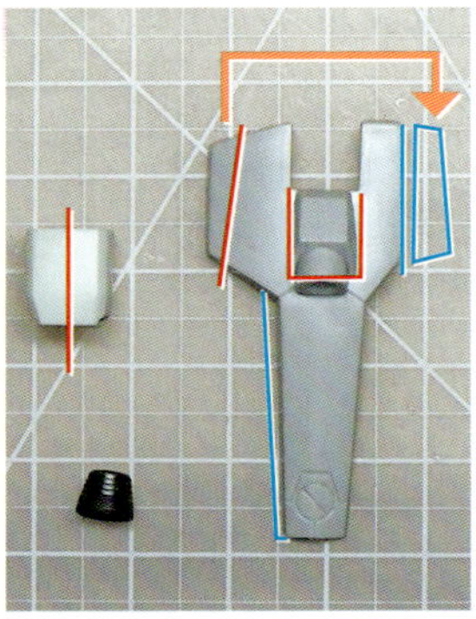

◀サイドアーマーはあまりに左右対象形ではないうえにバーニア基部のボリュームが足りないのがネック。赤い部分でカット、切り離した端を反対側に接着。青線の部分をプラ板で補えば左右対象になる

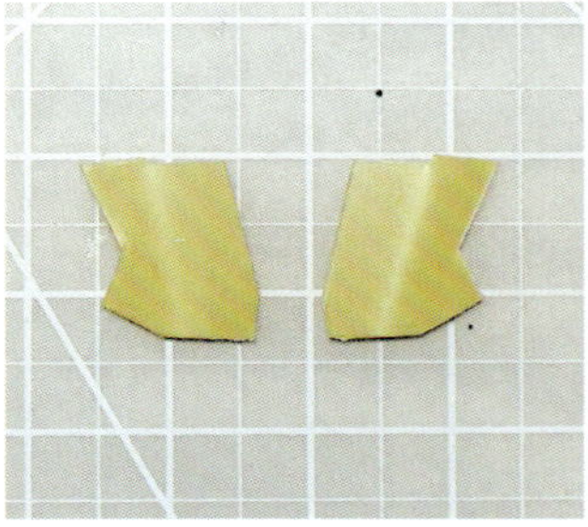

▲腹部ブロックは本体への接続を兼ねてHGUC ZZのコクピットパーツを芯に、画像の形のプラ板を側面に貼って新造した

▲胸装甲はHGUC ZZの胴に密着してくれないうえにボリュームに欠ける。胸部上面の3ピースは、GFF画稿などを参考にHGUC ZZの胸部に密着するよう、切断面で傾斜のきつい角度にして再接着。ZZのコクピットパーツにプラ板を貼り囲んだ。腹部ハイ・メガ・カノンはデジタルモデリング→3Dプリンタで出力したが、形状はそこまで複雑ではないので市販パーツ（バーニアなど）の組み合わせでも充分それらしくなるはず

アーマー（脚）

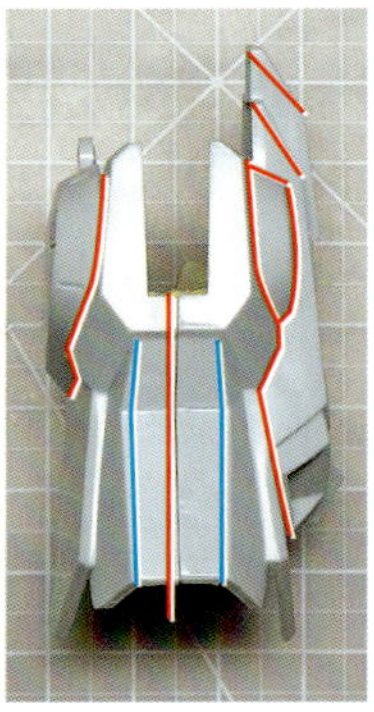

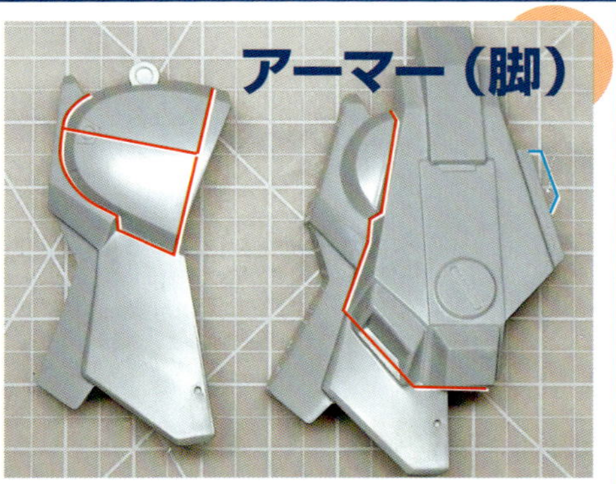

▶スネアーマーは中央、内側の半円、外側のスラスターブロックの3つに分割。中央部は接着面で1・5㎜幅詰めする。スネ正面部分が幅広に見えるので、ここは正面形を六角形から長方形に寄せるよう、青いラインになるように側面を削り込む

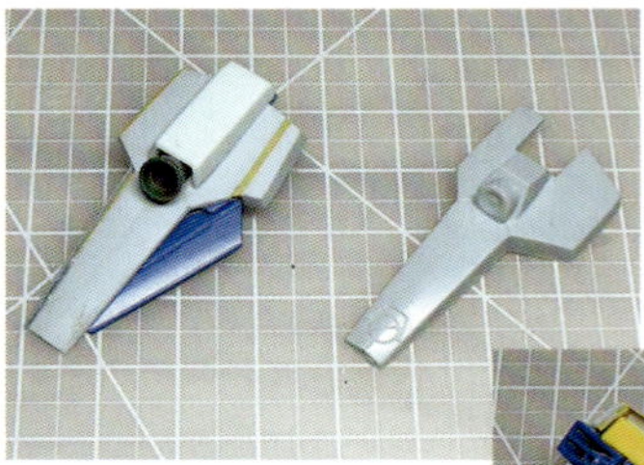

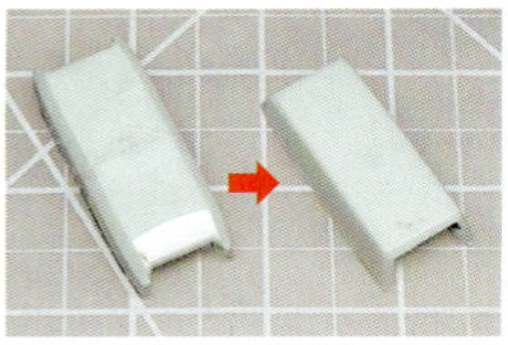

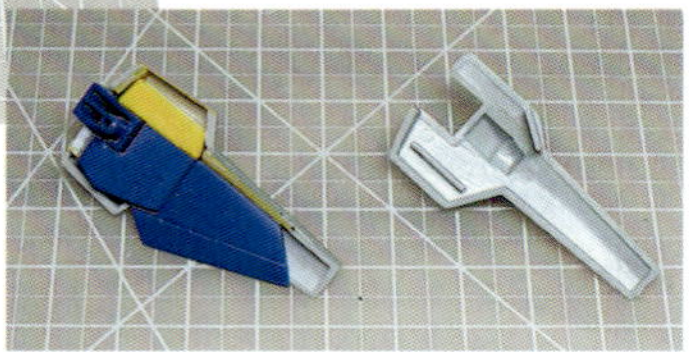

▲▶バーニア基部には、HGUC ZZの上腕を中央でカットし、上下につないだものを使用。バーニアはHGUC ZZのバックパック用小バーニアを使用している

▶素体との現物合わせでフィッティングを調整したら、各パーツを一体化

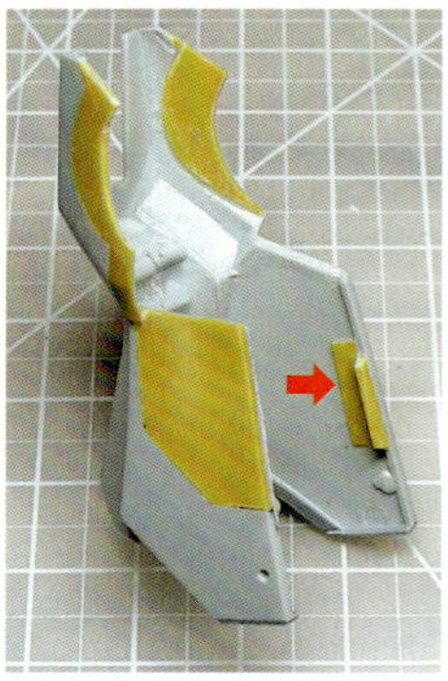

▶本体への取付は旧キットよろしくZZ本体のスネ側面のスリットに、1㎜プラ板で作った突起を引っ掛ける方式とした

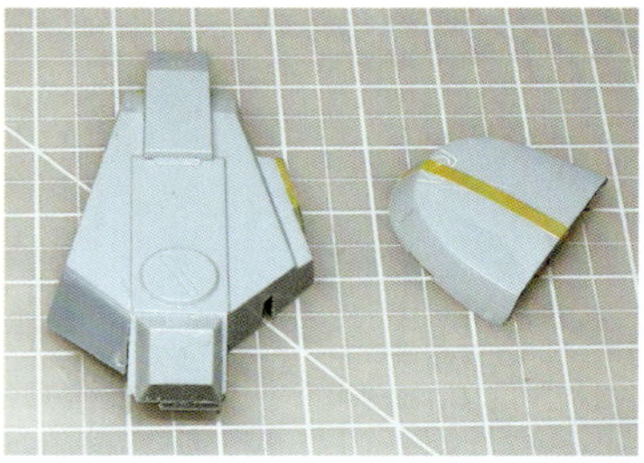

▲スネ内側の半円状ブロックは端部を若干短くカット（一段の上写真の赤線参照）して中央で分割、プラ板で2㎜幅増しすると、HGUC ZZのふくらはぎにちょうどぴったりのサイズ感になる

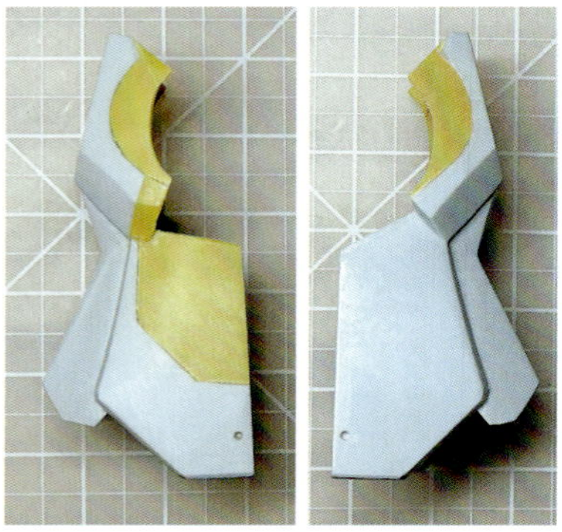

▶カット後の不足部を図のようにプラ板で埋める

ハイパー・メガ・カノン

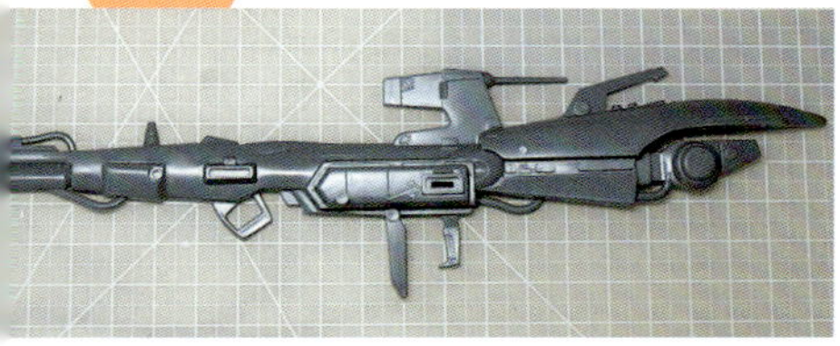

▲1/144フルアーマーZZのハイパー・メガ・カノンはいじりだすとキリがないものの、最低限の加工でバランス調整とディテールを足していくことにチャレンジ。全体の印象としては少しボリューム不足、またすべて一体成型なので加工がしにくい。そこで……

▲ヒザ下のダクトも同様に同セットのダクトの幅を調整して取り付けた。ダクト製作はけっこう手間なので市販パーツの加工を覚えると楽になる

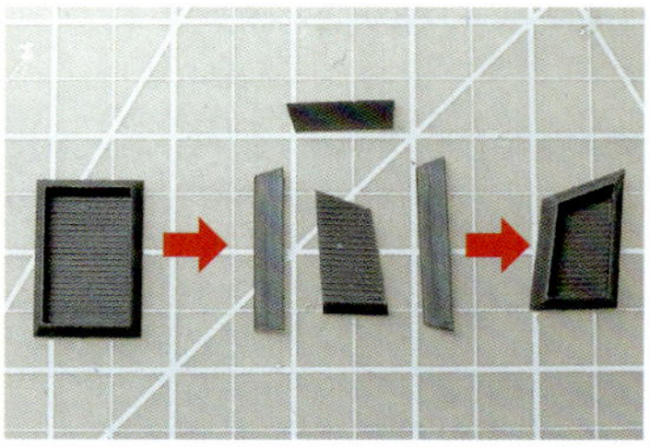

▲スネ外装各部のノズルは、市販パーツ（ウェーブ・Uバーニア4長方形）の幅や形を加工して使用。ナイフでていねいに側板を切り離してからスリット板の形状を変更し、側板を再接着するとキレイに作ることができる

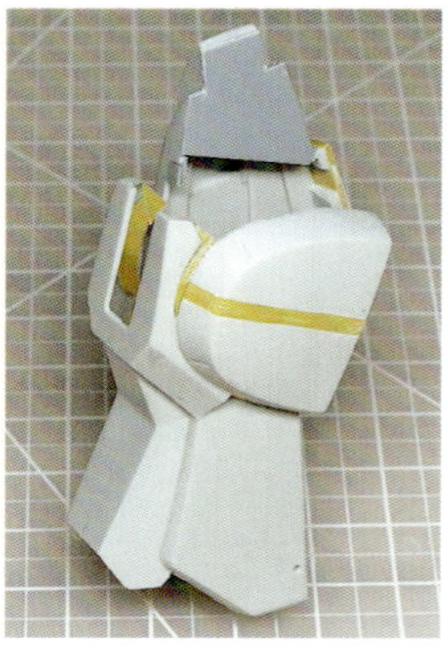

▶スネ内側も、同様に半円状ブロックを再接着する

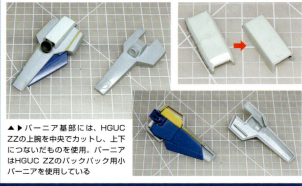

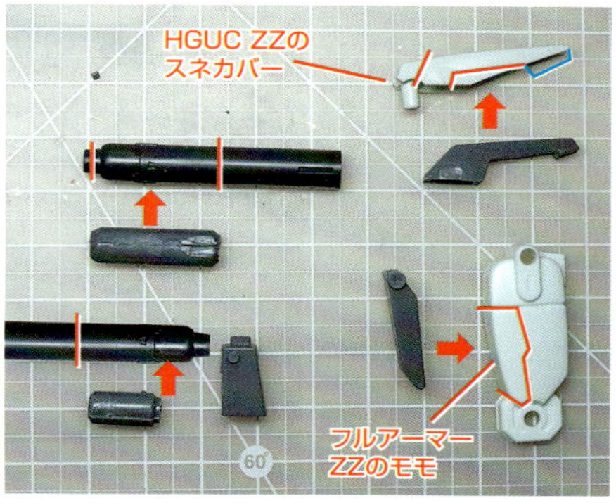

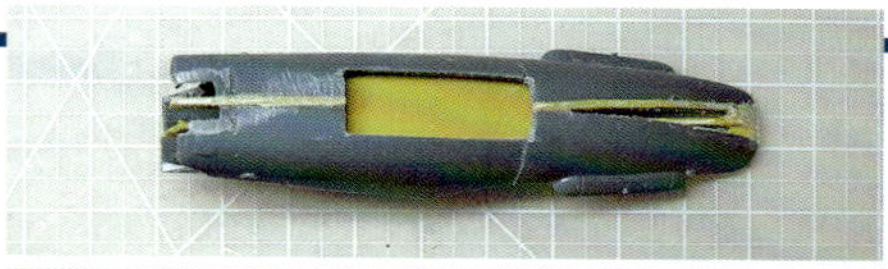

▲砲身部は0.5㎜、後部は１㎜幅増し。後方ブロックの後端は、くさび形に幅を広げて幅増しした

◀砲身先端部はHGUC ZZのダブル・ビーム・ライフル砲身部を加工、側面の白いセンサーユニットの円筒も同パーツの改造。上部後方の白いカバーパーツは同スネ正面カバー、グリップ前方の白いカバーはフルアーマーZZのモモを一部切り出して使用

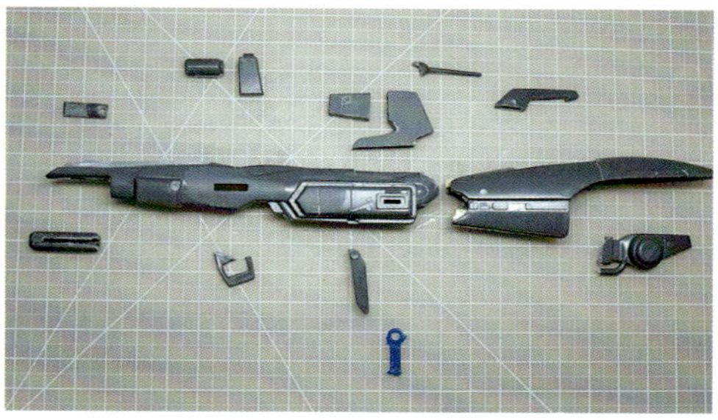

▲今後の工作や仕上げるときのことを考えて、まずはユニットごとに可能な限りバラバラに分解することにした。小さなパーツ類の多くは流用パーツで作り変えることにする

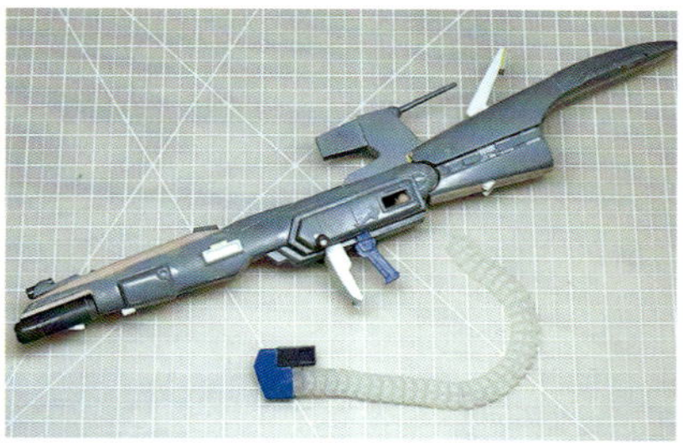

▲ベルト先端のユニットはHGUC ZZのサーベル基部（パーツG6）と同腰サイドアーマー（B17）を組み合わせたもの。側面の白ノズルはフルアーマーZZのヒザ前方ダクト、各部のパイプ基部はプラ棒や手芸用メタルビーズ等で製作

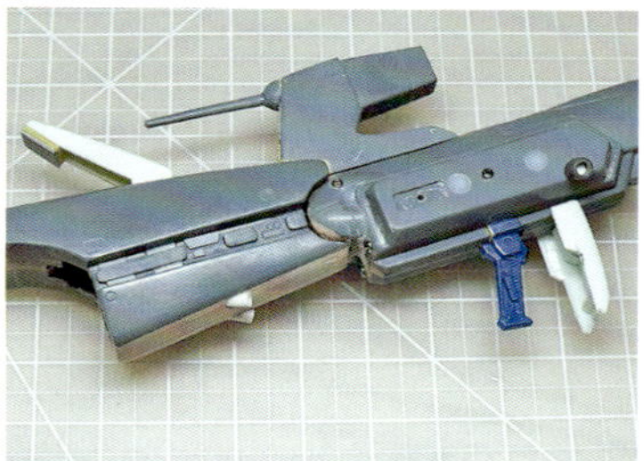

▲グリップはHGUC ZZのダブル・ビーム・ライフルのものを移植。このグリップには保持用のダボがあるのでHGUC ZZにガッチリと持たせることができる

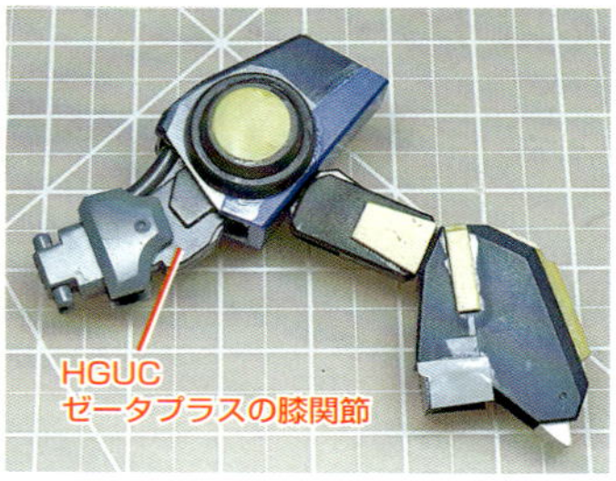

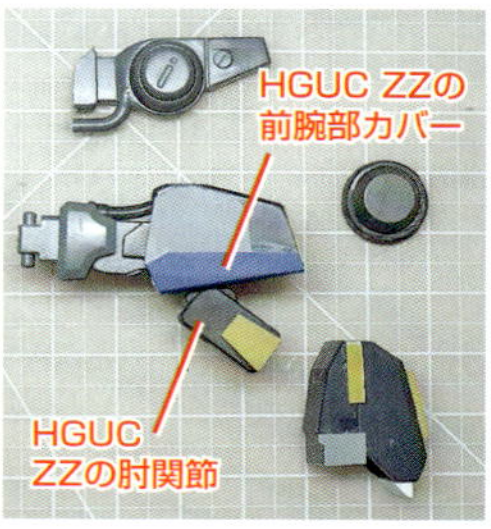

▲ハイパー・メガ・カノン基部はHGUC ZZのバックパックのミサイルハッチ下に、同ZZ前腕の青いカバーパーツを取付ける。さらに、前腕カバーに存在するポリキャップ部にZZのヒジ関節を接続。接続にはHGUC ゼータプラスのヒザ関節パーツを流用。これで上下左右にハイパー・メガ・カノンを動かせるようになる

基本塗装後に……

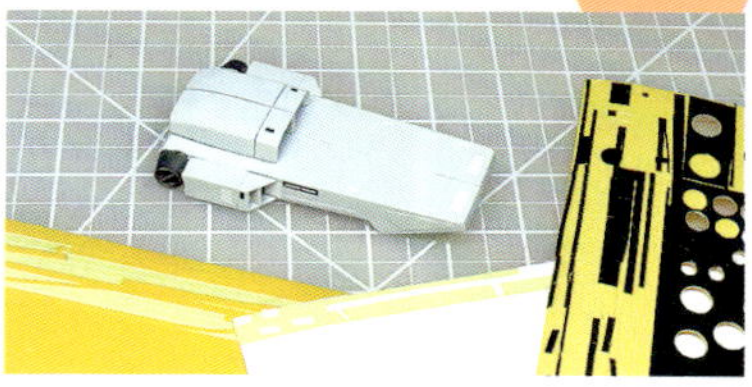

▲パネルディテールは、ハセガワの曲面追従シートで再現。本体の塗装後に貼っているのだが、接着剤で付けるわけではないので仕上げがキレイ、かつ極薄なのがいい感じ。シートはラッカー塗料がのるので、好きな色で塗装してから切り出して貼れるぞ

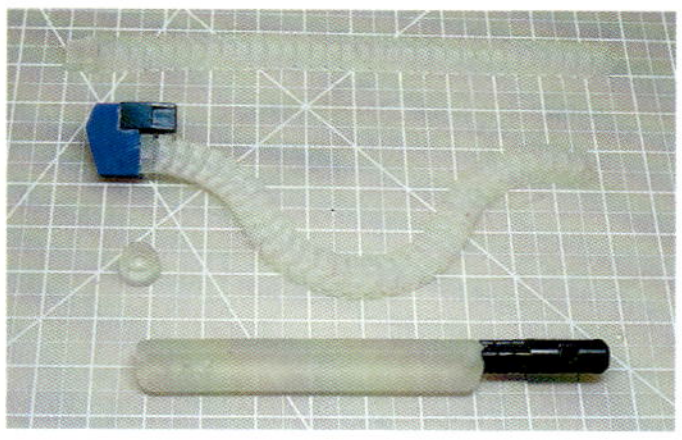

▲単純な形状ながら作るのが少々難しいパーツ、こんなところは模型製作にデジタルを導入するにはうってつけなポイント。なかでもベルトは35コマのパーツを組み上げた状態で出力して、そのままでフル可動するベルトを出力するという、デジタルならではのアイディアを盛り込んだ

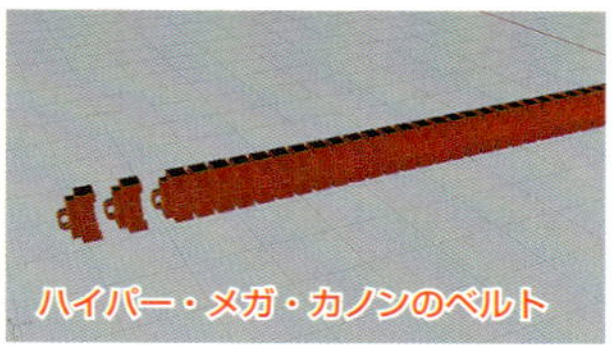

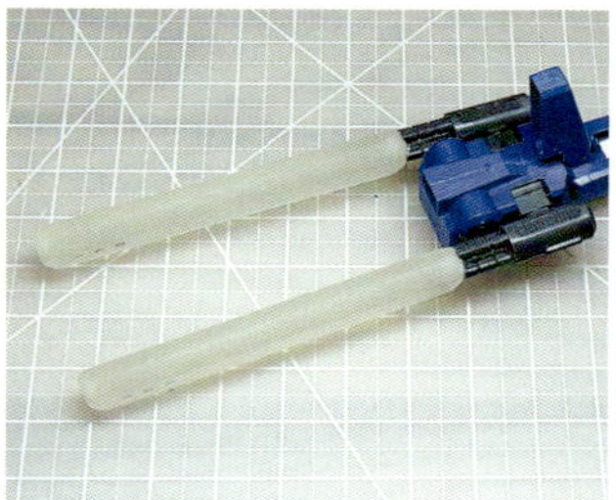

▲右腕に装着するダブル・ビーム・ライフルはHGUC ZZのものがそのまま使える。今回は断面が卵型のタイプも製作することにし、3Dプリンタで出力した

FAZZ、工作完了!!

●工作終了。ちらっと見えるリアアーマーは、HGUC ゼータプラスのリアアーマー（パーツA10）の軸棒を切り飛ばして左右をくっつけたものというお手軽仕様だ。なお、本体の改造についてここでは頭部、肩、足首、バックパックと目立つ部位に限定して紹介したが、じつは「強化型ZZガンダム」にするために全身に大改造を施している

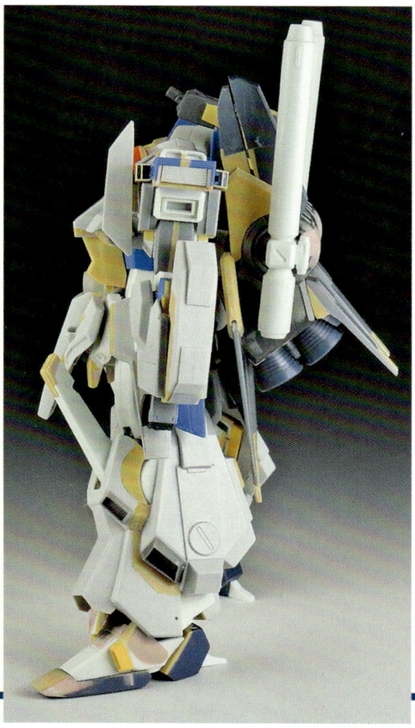

MSA-0011[Bst]PLAN303E
Search and
Destory any MS
PLAN 303E for Task Force
with "Humming birds" project
AE
ANAHEIM
ELECTRONICS

EARTH FEDERAL SPACE FORCE
/ANAHEIM ELECTRONICS

Zplus "HUMMING BIRD"

[MOBILE SUIT MODE]

BANDAI SPIRITS MG 1/100 based.
Mixing modeling
Modeled by Riku KUROKAWA

MG PLAN303E
ディープストライカー

MG ゼータプラス C1型

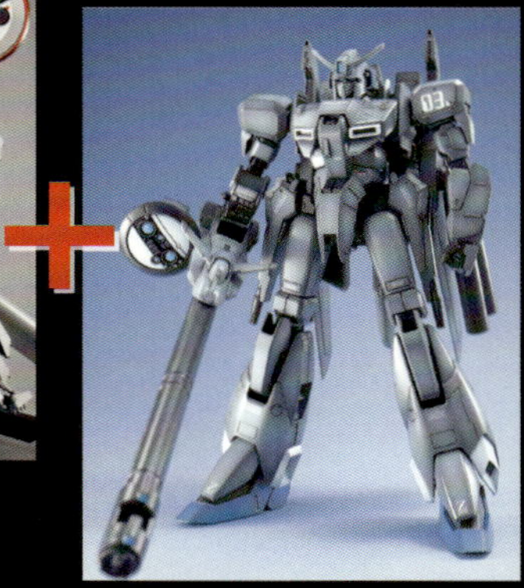

誰もが思いついたであろう大ネタ そして皆が作らないのには理由があった

ゼータプラスの手足にSガンダムのブースターユニットを装着したハミングバード。大きなブースターが4基もついてとにかく強そう&カッコいい！　キットはまだ発売されていないので「MGゼータプラスにMGディープストライカーのブースターユニットをつけたらイケるのでは？」と、キットパーツの寄せ集め&プラ板工作のミキシングビルドにて立体化に挑戦……予想以上に自作箇所が多くて大変なことに！

MG ディープストライカーを使うべきか？←使うべし！

●ハミングバードのむき出しの肩やモモのフレーム形状は他に類するものがなく、ここはどうしても自作するしかない。複雑なので再現するのは非常に骨が折れる難物と言える。また、ハミングバードMS形態の製作にあたっては、核となるMGゼータプラスC１型は当然必要として、ブースターユニット４基を用意する必要がある。プレミアムバンダイで限定販売されたMG Sガンダム ブースターユニット装着型なら一気に４基揃う……のだが、現在は発売終了。MG Ex-Sは販売されているが２基ずつ付属するので２個用意する必要がある。そこで提案したいのがMGディープストライカーからの流用。それならブースターユニット×４が付属しブースターの可動ギミックも追加されている。2万円超の製品をパーツ取りに使うのは抵抗があるかもしれないが、それに見合う価値が新造形ブースターにはある

▼MSZ-006C1[Bst]、通称ハミングバードは、『ガンダム・センチネル』から生まれたゼータプラスバリエーションのひとつ。MSA-0011[Bst]の随伴機として計画されたZプラスの超高速攻撃機案で、手足の代わりにSガンダムのブースターユニット×4を搭載したウェイブ・ライダー形態が公開された。つまり、この時点での本機は「WRモード固定」だった（手足がない、変形できない、という割り切り方がイイ！）。しかしその後、『キャラクターモデル』（KADOKAWA刊）誌上にて、カトキハジメ氏がMS形態の手足を新規にデザイン。以降に発売された立体物でもMS／WR形態の両方を再現できるものが定番となっていく……

はじめは手足がなかったハミングバード

■TYPE 006 C1(Bst) "HUMMING BIRD"

Z plusのムーバブル・フレーム構造を最大限に利用し、MSA-0011と同時開発されたブースター・ユニット×4を手・足の代わりに装着するプラン。MSA-0011[Bst]形態の随伴機として計画されており、WRモードのみに仕様を限定した超高速攻撃機案である。愛称は"ハミングバード（はちどり）"。

Model Graphix
2018年7月号
掲載

MSZ-006C1[Bst]
ZプラスC1型"ハミングバード"
BANDAI SPIRITS　1/100
インジェクションプラスチックキット
「MG MSZ-006C1
ゼータプラス」改造
発売中　税込3240円
製作・文／**黒川りく**

四肢フレームは、もちろん スクラッチビルド！ かなり大ゴトになってます

●おそらく、ハミングバードMS形態の製作時にいちばんの障害となるであろう部分が四肢のフレーム。パーツ流用がしづらい形状であるうえに、肩にいたってはブースターユニットが１本のフレームのみで支えられているという豪快な構造が生半可な立体化を拒む。今回はデザインと強度の両立を考えつつ、プラ板工作メインで根気よく四肢を自作。MGディープストライカーのブースターユニット接続軸を流用したり、真ちゅう線で補強を入れることにより最低限の可動を残しながら見事なフレーム構造を作り上げている。２連ビーム・スマートガンはプラ板積層でそれぞれの銃の接続部を自作。速射型の銃身はMGのSガンダム[Bst]でパーツ化されていることに気づかずプラパイプにプラ板を巻いて自作（笑）。ピトー管は真ちゅうパイプと真ちゅう線でシャープに造形した

1/100
MASTER-GRADE Based. MSZ-006C1[Bst] "HUMMING BIRD" [MOBILE SUIT MODE]

BANDAI SPIRITS MG 1/100 based.
Mix Modeled by Riku KUROKAWA

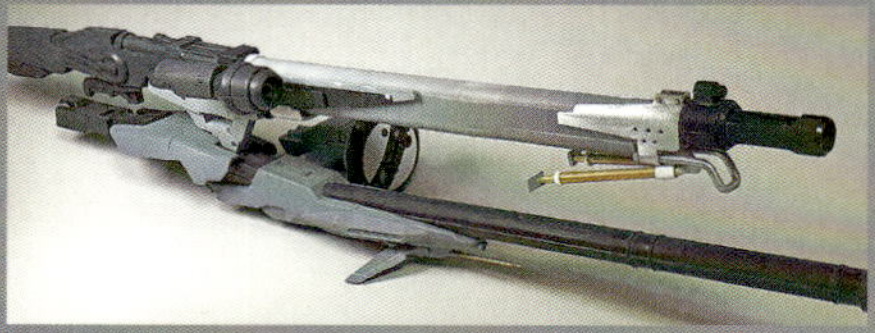

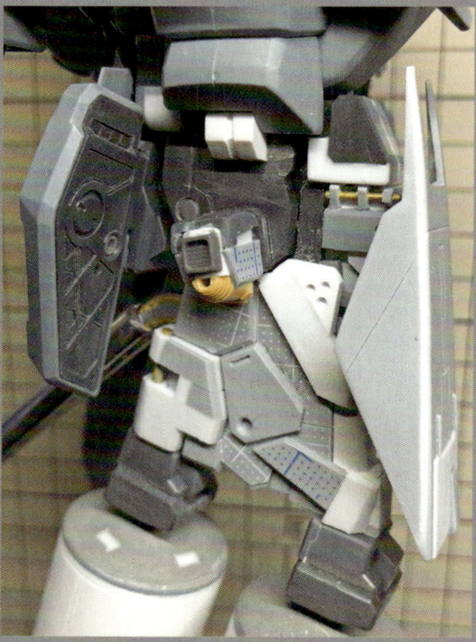

RNPC

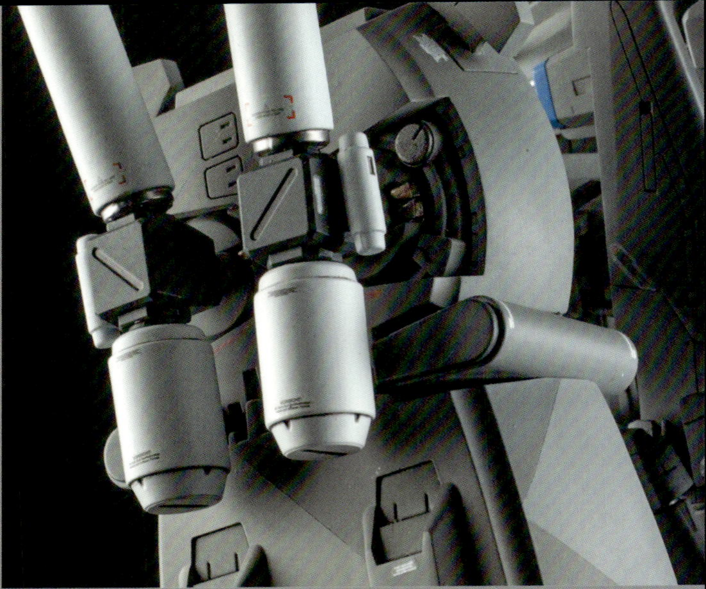

MSZ-006C1[Bst]
"HUMMING BIRD"
[MOBILE SUIT MODE]

BANDAI SPIRITS MG 1/100 based.
Mix Modeled by Riku KUROKAWA

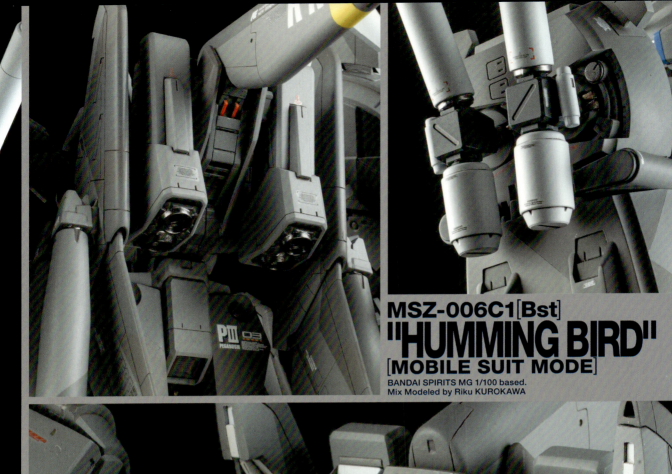

高火力、高機動化が行き着いたZプラスの究極形

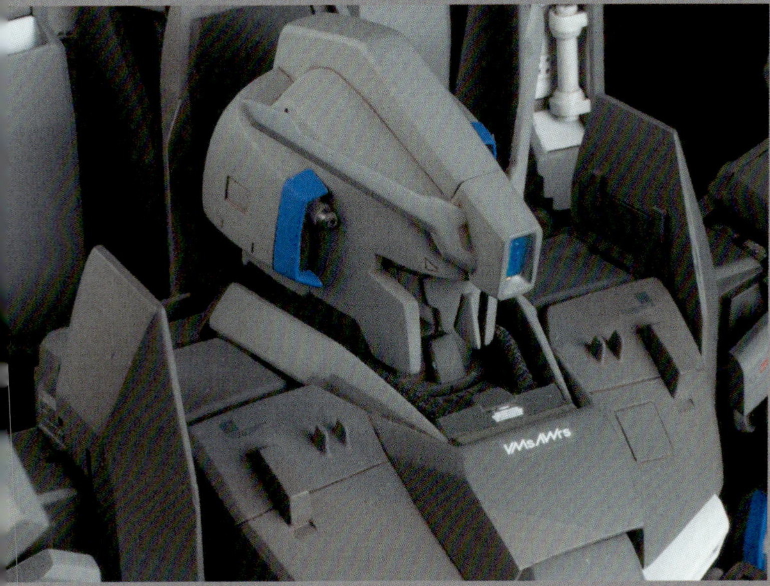

1/100
MSZ-006C1[Bst]
"HUMMING BIRD"
[MOBILE SUIT MODE]

BANDAI SPIRITS MG 1/100 based.
Mix modeled by Riku KUROKAWA

●MSA-0011[Bst]の随伴機として、推力と攻撃力を極限まで高めたMSZ-006C1[Bst]。大腿部ビーム・カノン×2、ビーム・スマートガン、60㎜バルカン×2といったC1型と同等の武装に加え、ジェネレーター内蔵ブースター・ユニット×４の搭載であり余る電力によってSガンダム用ビーム・スマートガンを右腕に、大口径ビーム・カノン×４を両肩に搭載することが可能となり、単騎でも破格の攻撃性能を誇る
●当初は「(Zガンダムと比して) 低コストなTMS」というセールスがアナハイム・エレクトロニクス社によって展開されたゼータプラスだったが、開発が進むにつれ当初のプレゼンテーションを逸脱した本機のスペックと価格となっていく。軍縮のため部隊再編中の連邦宇宙軍にとってはいささか過剰＆不要なものに映ったであろうことは想像に難くない

●製品の頭部を前後に伸ばしつつ、フェイス部を小顔に造形。あわせて額のメインカメラユニットを小型化、ブレードアンテナの取り付け角度をキットよりも寝かせ気味に調整している。額のボリュームを減らし、頭頂部のラインを整えれば、キットの頭の大きさはまったく気にならなくなる。フェイス部はアゴを突き出すように、上向きに接着するのもポイントだろう

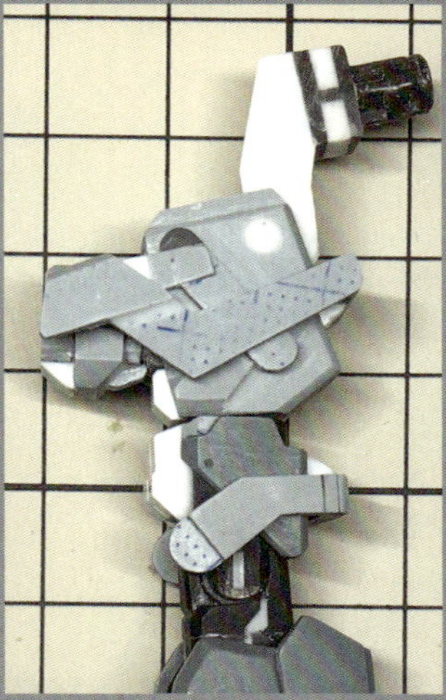

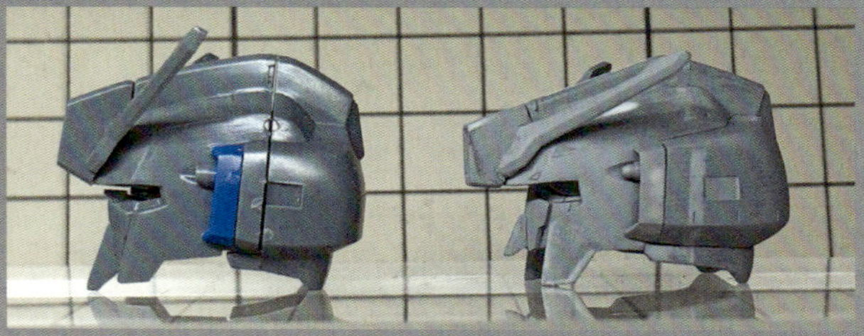

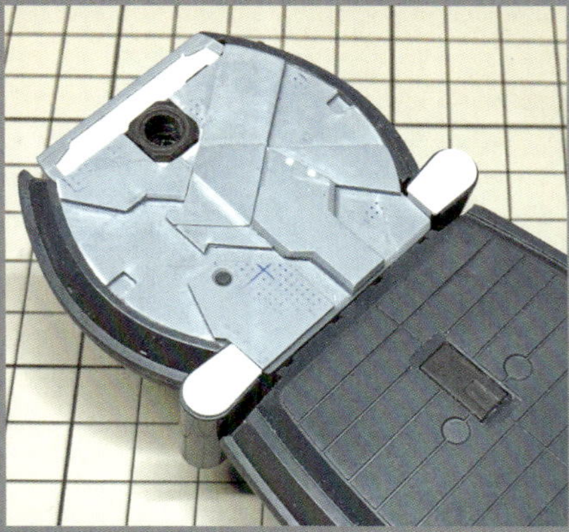

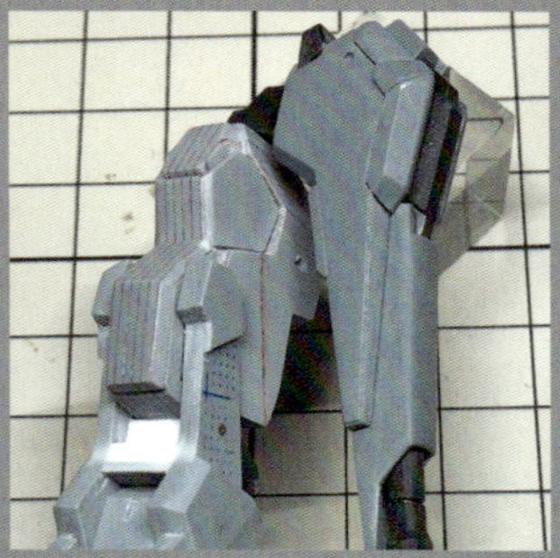

●大腿部は3つのユニットで構成されていると解釈し、それぞれのユニットごとにプラ板を加工してから組み合わせた（片足ぶん作ったら複製して両足ぶんを揃える）。ブースターユニットの裏側（WR形態時にモモが収納される部分）はもとのタンクパーツを外し、カトキ氏のイラストをもとにプラ板でフタをした。
●画稿を参考に、肩関節の接続軸を約2㎜延長。ウェーブのプラサポやプラ板、エポキシパテなどで接続軸を設けた。ブースターの付け根はエバーグリーンの段差付きプラ板とプラスチック製の爪を用いた簡易クリック関節を搭載している

「ついにディープストライカーのプラモデルが発売されたことだし、どうにかうまいことやって1／100ハミングバードを隣に置いてみたい」……『センチネル』ファンならば一度は考えるのではないでしょうか。私もそのひとりでしたが、実際にフタを開けてみると当初の想定以上の要新造形箇所の山、そして関節強度との戦いに……！

今回はハミングバードが「もし実際に生産、配備されたら」という仮想のもと、MGゼータプラスC1型を芯に、MGディープストライカーの新造形ブースターユニットを四肢に組み込む方針で製作することにしました。MGゼータプラスはなにぶん15年以上も前の製品ですので、往年のイラストや作例のゼータプラスの形状をリスペクトしつつ、明確にいじりがいのある顔を中心に各パーツをブラッシュアップしながら製作していくことにしました。

◆胴体まわりの製作

頭部はより『センチネル』らしい顔にするためにトサカと前頭部、両サイドのインテーク周辺を削り込み、さらにプラ板を挟み込んで前後に1・5㎜ほど延長。ヘルメットを前後に伸ばすだけでも途端にそれっぽくなってきます。フェイス部は思いきり小顔化。クチバシが上を向くようにしました。ツインアイもいったん削り落とし、形状を整えています。

首まわりのディテールはゼータプラスの頭部ユニット単体で描かれている設定画を参考にしてパイプを配線したり、こまかいディテールを追加しています。

胸部ダクト外縁の厚みなどが気になったので削り込みで薄く整形。さらに、鎖骨周囲の出っ張りがもっさりしているので、すべて切り落としてからプラ板で新造しちゃいました。VHFアンテナは0・5㎜アルミ板を削って薄くブレード状にしたうえで胸に植え込んでいます。両肩付け根、6角形の板状パーツは明らかに小さいのでプラ板とパテで新造しました。

股間下に追加されているプロペラントタンクの基部はプラ板の組み合わせで製作。台座の支柱を通す接続穴は、この新造ブロックの目立たないところに配しています。タンクを差し込む部分はMGディープストライカーの背部多目的パックのパーツを流用しています。

ゼータプラスC4型と同型のフロントアーマーはプラ板で製作。接続部まわりのムーバブルフレームの形状をプラ板などで設定に近い形に整えています。

背中です。主翼のモールドがことごとく浅いので、ひととおりBMCタガネで彫り直しました。フラップ展開部などの設定上可動する部分などは少し太めのタガネで彫り込むことでスジ彫りの幅を調節しています。近年のデザインでは省略されることが多い主翼の切り欠き部、ここの内側にジャンクパーツでゴチャメカ部分を足すのは本誌ではもはやおなじみの工作ですね。

テールスタビライザーの可動部はそのままだとスカスカなのでMGガンダムVer3・0の腕フレームを仕込み、情報量を増やしています。

◆四肢の製作

おそらく、ハミングバードの製作を志した多くのモデラーの心を挫いたであろう四肢の複雑なフレーム構造。頭を悩ませましたが、複雑なデザインと強度をどう両立させるかに重点を置いて製作を進めました。イラストでは元のゼータプラスよりも肩幅が広くなっています。肩の接続軸を2㎜ほど延長し、ウェーブのプラサポシリーズやプラ板、エポキシパテなどを用いて製作しました。片腕ぶんを作ったら、複製してもう片側も用意しました。上腕部内側はジャンクパーツを貼り足してフレームっぽくしており、外側は外装パーツF-8を削り込みでイラストの雰囲気に近づけています。

股関節からヒザにかけてはほぼフルスクラッチビルド！　そもそもどこからがヒザなのか、どこから曲がるのか、非常に難解なデザインをしています。今回は具体的な可動機構はひとまず置いておいて、形状優先で進めました。股関節が繋がるブロックは独特な面構成なので箱組みではなく、プラ板を積層したブロックからの削り出しで製作しました。

中央部はプラ板の貼り合わせで製作しています。ブースターに接続するユニットはMGゼータプラスのヒザフレームを無理矢理流用し、Zプラスとしてのデザインの整合性を意識しました。

◆ブースターユニットの製作

MGディープストライカーで新造されたブースターユニットを使っています。中折れ可動の再現はさすが！　カトキ氏のMS形態のイラストでは、ブースターユニット側面部などはEx-Sのものとは形状が異なっています。今回は実戦配備機ということで、Ex-Sのものと同系のものを使用していると都合よく解釈、こまかい部分の違いについては目をつぶります（笑）。ユニットの裏側はプロペラントタンクパーツを外し、プラ板で塞いでからイラストを参考にプラ板でディテールを作成しています。肩フレームの接続はディープストライカーの股間接続パーツを加工して流用。これで強度を確保することができます。

ノズルの造形だけは、リング状のパーツ（PC29）が造形されているMG Ex-S付属のパーツのほうが好みです。ここはポリキャップパーツをレジンキャストで置換し、作例のノズルに取付けできるように加工しました。ノズル側面の偏向プレート裏側は、肉抜きがあったのでパテで埋めてディテールを追加しています。

ヒザおよび肩のブースターユニット上部の構造物は、プラ板の貼り合わせでそれらしく再現しました。

◆武装の製作

大腿部のビーム・カノンは銃身カバー部分の厚みを薄く削り込みシャープに。脚部への接続軸の位置を調節し、設定画寄りのバランスに近づけました。

肩の大口径ビーム・カノン×4はMG Ex-Sから流用。砲身付け根で切断し、角度をつけて再接着しました。シルエットが放射状に広がるのでオススメです。■

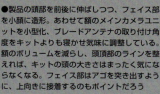

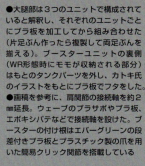

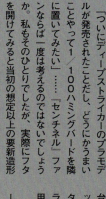

MSA-0011[Bst] PLAN303E "DEEPSTRIKER"

MASTER GRADE SERIES MAKE IT TO No.200 !
MG MSA-0011[Bst]“PLAN303E” DEEP STRIKER Début!!

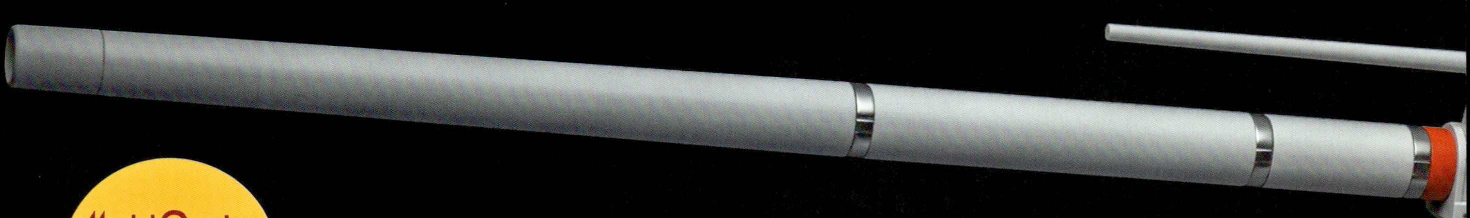

Model Graphix
2018年7月号
掲載

何者なんだ、おまえは!?（←お約束）

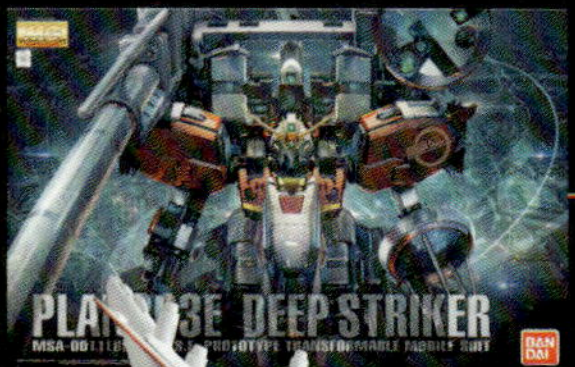

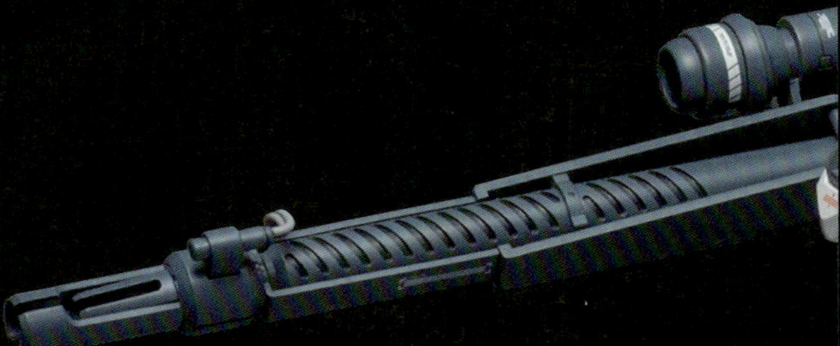

ついに出た！ マスターグレードの"バッケンレコード"

全長50㎝オーバー。箱を見ればPG並み。シリーズ最大のアイテムとなったMGディープストライカー。飾ったときの迫力は超ド級、しかもかなり頑丈に組み上がってパーツでの色分けもばっちり。MG200体突破記念作にふさわしい内容となっている

MG Sガンダム/Ex-S《イクスエス》ガンダムから16年 いくつもの複線が交差して生まれた「最強のバリエーションキット」

このディープストライカー、完全新規設計ではなくMG Sガンダム／Ex-Sガンダム／Sガンダム ブースターユニット装備型のパーツを活かしたいわゆる「バリエーションキット」となっている。しかし！　バリエーションキットだからと侮ることなかれ!!　綿密に計算された共用パーツと新規設計パーツの組み合わせの妙を詳しく解説しよう

赤いEx-Sガンダム……!?（頭部インコムに要注目!!） 新造形パーツが持つ深〜い「意味」を全解説！

本キットの目玉のひとつが新規設計となった頭部／胸／肩。とくにスライドを実現した肩と小顔で見違えるようにカッコよくなった頭部がポイントなのだが、キットのパーツには、ディープストライカーには装備されてない頭部インコムパーツが!?　察しがよい方はすでにおわかりだと思いますが詳しくはのちほど……

▲ここの元ネタはもちろん別冊『ガンダム・センチネル』（大日本絵画刊）のあのページ。当時はデンドロビウムなど形もないころなので、大砲を背負ったガンダムタイプ、しかもこの恐るべき密度感はかなりのインパクト。それを端的に表す見出しが「何者なんだ、おまえは!?」だった

巻頭特集

ディープ・ストライカー

祝、MG 1/100 ディープストライカー発売！　大きさや知名度ゆえにガンプラ化がかなり難しそうな“最後の砦”的モチーフのなかでも大御所中の大御所が、シリーズ200体突破を記念して本当に製品化されてしまったのである。そして、メガ粒子砲の全長約54㎝（！）というシリーズ最大のビッグアイテムとなったMGディープストライカーには、さらなる「可能性」が……!?　その魅力と“発売された意味”を全力で深掘りしていこう。

PLAN303E

MSA-0011[Bst] PLAN303E "DEEPSTRIKER"

MASTER GRADE SERIES MAKE IT TO No.200 !
MG MSA-0011[Bst]"PLAN303E" DEEP STRIKER Début!!

そしてついに訪れた不可能が実現してしまう日

ガンプラでディープストライカーが作れる!

「もっともMGになりそうにない選手権」を開いたら常に上位に上がるのが、アプサラス、ビグ・ザム、そしてこのディープストライカー! そんなMG ディープストライカーがついに我々の手に! MG Ex-Sガンダムをベースとしつつ新造形パーツも織り込まれたその姿は……まさに圧巻のひとこと。じっくりと作例を紹介しつつキットの内容をより深く解説していこう。

"最強のガンプラ"の素材を活かして……

●MGシリーズ200体突破記念として、ついに初プラモデル化を果たした「幻の機体」ディープストライカー(ちなみに本製品は通算201体目。栄えある200体目の栄冠は本製品より3ヵ月前に発売された「MGジム・コマンド(コロニー戦仕様)」が手にしていたりする)。今回はこの記念碑的キットのポテンシャルを説明するために、なるべく製品の持ち味を生かす方向で製作。アウトラインには手を入れていない
●そうは言っても、隙あらば重箱の隅を攻撃したい! そこで作例はイラストや過去作例にはとらわれすぎず、大型モデルにふさわしい精密感を与えるために独自のパネルラインをゴリゴリ彫刻。センサー等の凹ディテールや肩外装などに市販ディテールパーツを埋め込み、解像度マシマシ仕様に。最後に、もはやお約束(?)になっているスプリンター迷彩で塗装!

PLAN303E ディープストライカー
BANDAI SPIRITS 1/100
マスターグレードシリーズ
インジェクションプラスチックキット
発売中 税込2万1600円
製作/**ken16w**

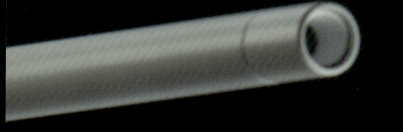

●2018年３月現在、MGシリーズ過去最高額製品となるMGディープストライカー。主砲の長さだけでも54㎝を超える“バカでかさ”なのだが、カトキ氏のイラストや伊勢昌弘氏による当時の作例のディテールを意欲的に再現しており、密度感、満足感はかなりのもの。プラモデルとしての成型の都合で厚めに造形されたダクトやフィンをナイフでカンナがけするなどちょっとひと手間加えるだけでさらにすばらしい見映えとなる
●胸部と股間部の先端にあるＩフィールドジェネレータ。ここにはスリット状のパーツが櫛状に入っているのだが、作例では遊びで胸側にプラ板でフタをしてみた。逆に股間側はスリットパーツを薄く整形しつつ、隙間に0.5㎜プラ板を挿してスリットの本数を増やしている

MSA-0011[Bst] PLAN303E "DEEPSTRIKER"

MASTER GRADE SERIES MAKE IT TO No.200 ! MG MSA-0011[Bst]“PLAN303E” DEEP STRIKER Début!!

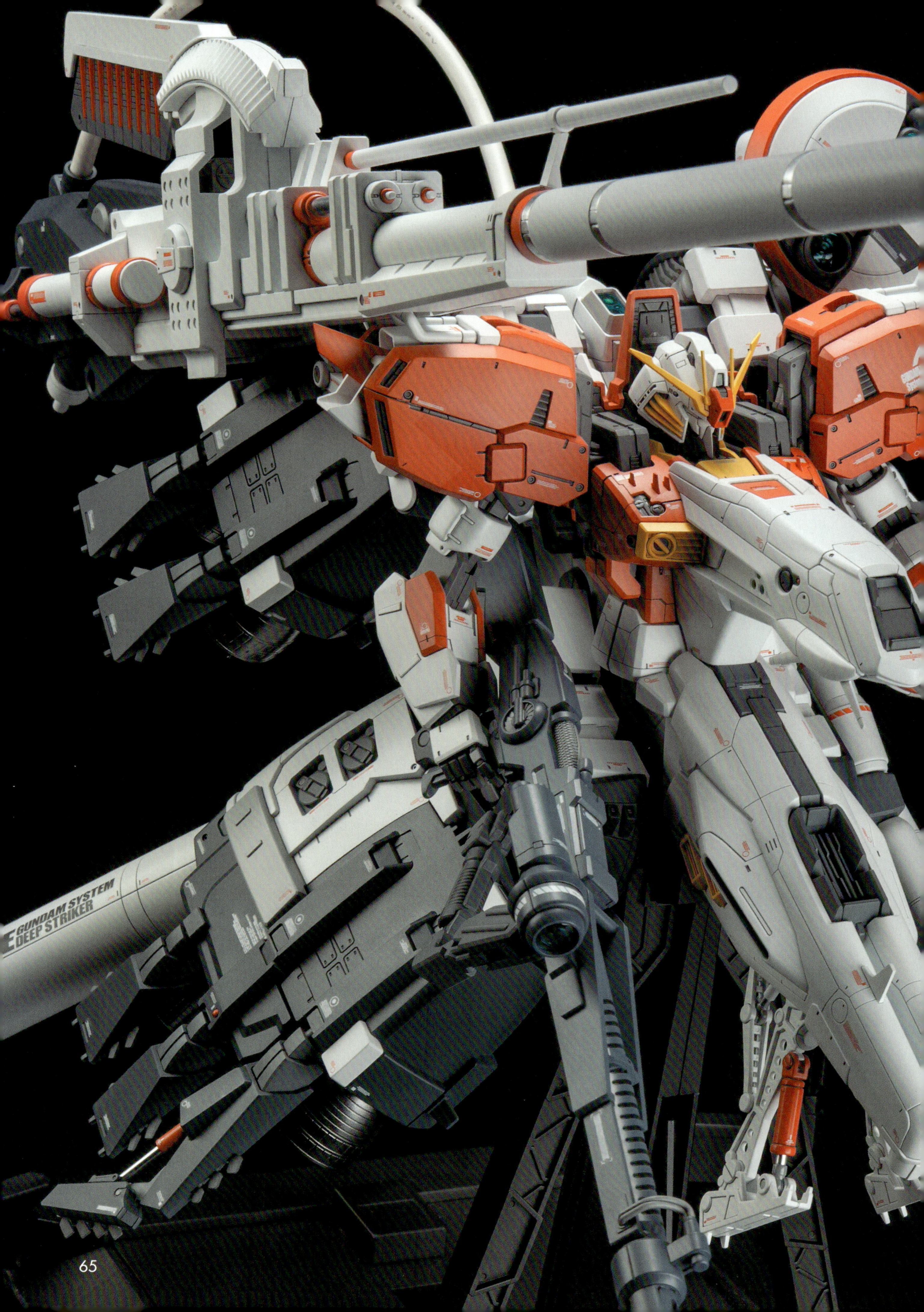
GUNDAM SYSTEM
DEEP STRIKER

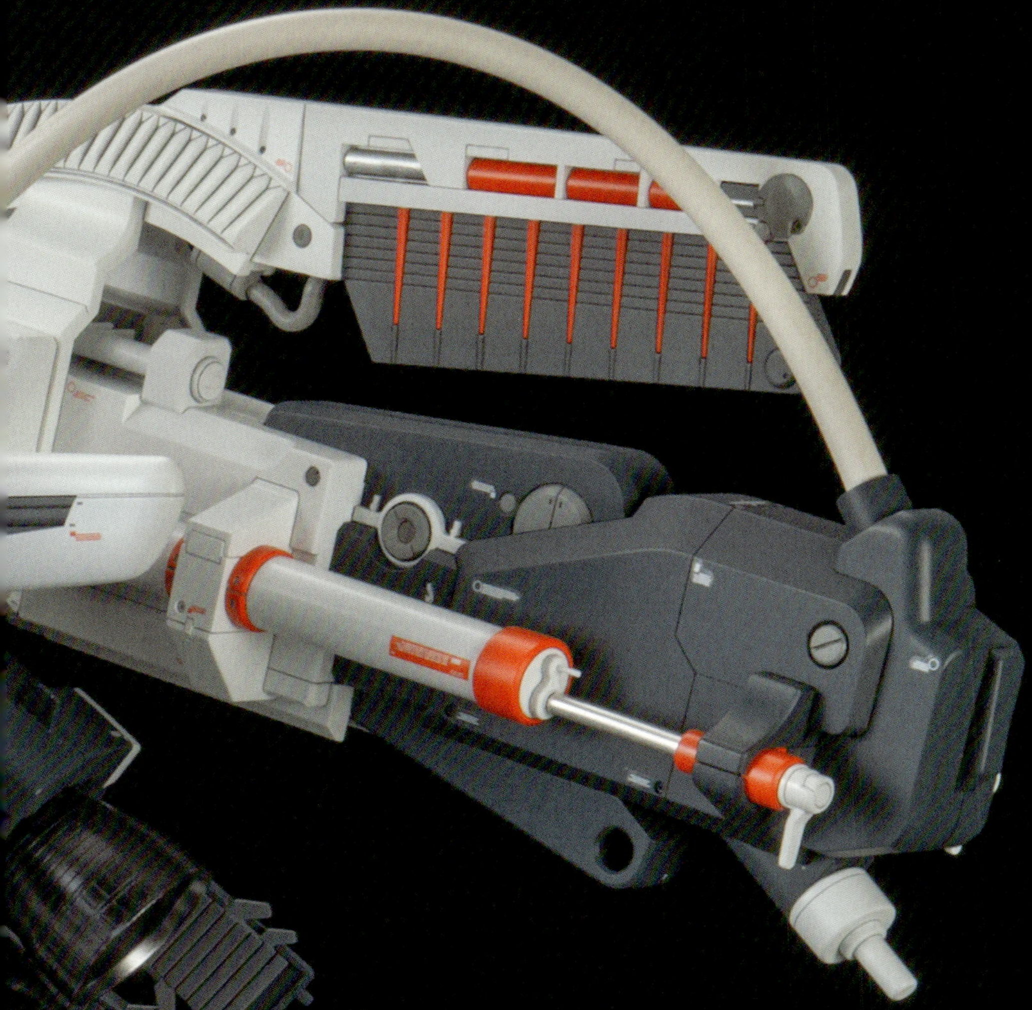

MSA-0011[Bst]

PLAN303E

"DEEPSTRIKER"

MASTER GRADE SERIES MAKE IT TO No.200 !
MG MSA-0011[Bst]“PLAN303E” DEEP STRIKER Début!!

●圧倒的物量のMGディープストライカー、その物量をしかと感じさせてくれるのがそのリアビューだ。複雑に重なりあったユニットの隙間から伸びるプロペラントタンク……立体構成の妙を堪能することができる。
●MG ディープストライカーの新規造形パーツで頭部と並んで重要なのがブースターユニット。MG Ex-Sガンダムでは再現されなかったユニットの折れ曲がり機構が見事に再現されている

ANAHEIM ELECTRONICS AF
PLAN303E

GUNDAM System
PLAN303E
DEEP STRIKER

MSA-0011[Bst]

PLAN303E

"DEEPSTRIKER"

MASTER GRADE SERIES MAKE IT TO No.200 !
MG MSA-0011[Bst]“PLAN303E” DEEP STRIKER Début!!

●製品の胸部外装も新造形。装甲に開口部が設けられ中にはメカディテールが彫刻されている。しかし、肩などは15年前のMG Sガンダムのパーツ流用なので新旧パーツの密度の差がある。そこで作例では首元や肩の付け根にもパネルラインを彫り足したほか、プラ板工作と市販パーツを埋め込むなどして釣り合いを取っている

MSA-0011[Bst]

PLAN303E "DEEPSTRIKER"

MASTER GRADE SERIES MAKE IT TO No.200 !
MG MSA-0011[Bst]“PLAN303E” DEEP STRIKER Début!!

作れば誰もが満足できる、最新、最高の1/100ディープストライカー

●サイズが見直され小型化した新造形の頭部は素直にカッコいい。そこで作例はブレードアンテナを削り込んで尖らせつつ、棒状のアンテナを真ちゅう線に変更。頬のフィンやアゴも削り込み、首を約1.5㎜伸ばし顎を引けるようにすることで精悍な印象を強調している

●巨大な艦載用メガ粒子砲はパーツ数を抑えつつ複雑な形状を忠実に再現していて驚くほどサクサクと組み上げることが可能。パーツのまま組み上げていっても、ていねいに塗り分けをしていくことで非常に密度感とリアリティーのある仕上がりにできる

PLAN303E
GUNDAM SYSTEM

MSA-0011[Bst] "DEEPSTRIKER" PLAN303E

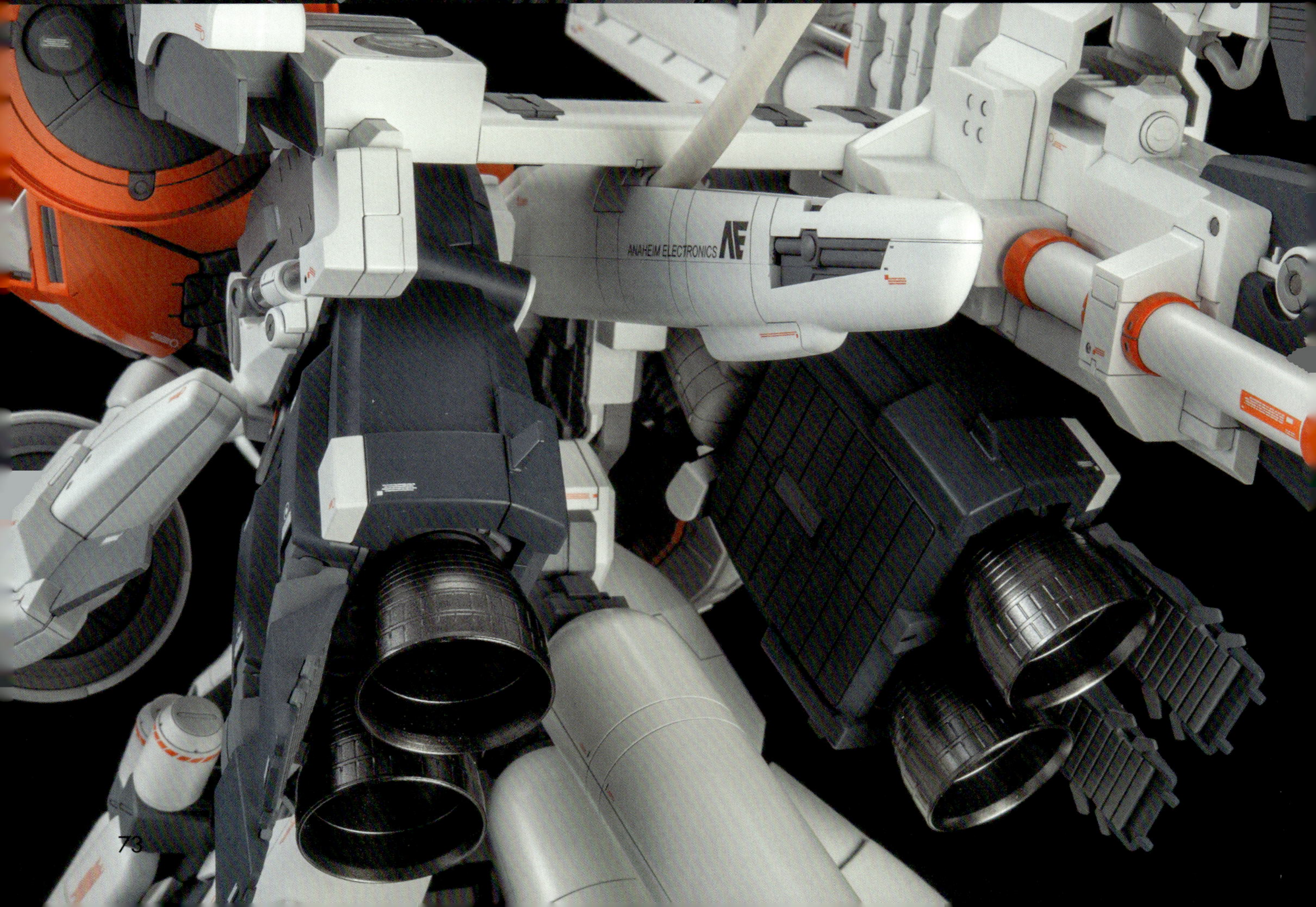
ANAHEIM ELECTRONICS

祝 MGシリーズ200体突破&『ガンダム・センチネル』30周年記念！ ついに幻の機体ディープストライカーがMGシリーズから発売されました。まさかこの大物が1/100スケールで発売されようとは、いったい誰が予想したでしょうか。

キットを開封してみると、そのパーツ数に驚かされます。ランナー枚数はゆうに30枚超！ 普段はHGサイズばかり作っている私には恐怖すら感じるボリュームです。男気を振り絞り恐る恐る組み立てると……カッコイイ！ ウワサの新設計頭部パーツは小気味よい大きさとなっており、頭部の小型化により肩アーマーのサイズもバランスよく感じます。正直言って、大掛かりな改修は必要ないレベルかと。今回は「キットレビューのつもりで改修は控えめに」というコンセプトで、基本工作と最低限の改修でどこまでカッコよく見せられるか、という方向性で進めることにしました。

◆製作

頭部は大きさも形状も申し分ないので、棒状のアンテナ2本を0・7㎜真ちゅう線に交換し、ブレードアンテナとアゴ、頬のフィンをシャープに削り込んだ程度です。

新造形の胸部パーツはVHFアンテナ風ディテールが追加されたほか、開口部が増えて内部にむき出しのメカが彫刻されています。それでもシンプルに感じたので、単行本『ガンダム・センチネル』掲載の1/20胸像作例をもとに、パネルラインなどをタガネで彫り足して密度を上げました。

次に、肩アーマーと胸部の隙間が気になったので、肩関節のポリパーツを約2㎜内側に移して肩幅を縮めます。また、肩アーマー側にはプラ板で作ったフレームを追加することでスカスカ感を解消しています。

頭や胸などの新規パーツは、流用パーツの雰囲気に合わせるためなのか、全体的に面のエッジが（いまのガンプラ標準設計よりも）ゆるく造形されているように感じます。今回はゴッドハンドのヤスリ用当て板「FFボード（アクリル）」を使ってていねいにエッジ処理をしています。

主砲パーツは左右貼り合わせの箇所が多く、単純なモナカ構成です。合わせ目を消すついでにスミ入れを考えパネルラインを彫り直し、各部位をこまかく塗り分けることで見違えます。

◆塗装

そのまま塗ってもおもしろくないので、赤色の部分はスプリンター迷彩にしてみました。薄い赤色を塗ったらマスキングして濃い赤を塗装。濃い赤はギリギリまで塗膜を薄くしてなるべく表面に段差が出ないようにしますが、マスキングを剥がしたときに見つけた段差はゴッドハンド製「神ヤス磨き」で段差を削って表面を整えています。

白はGSIクレオス Mr.カラー ホワイトFS17875をベースに白とイエローで調色。赤は『カトキハジメ デザイン アンド プロダクツ アプルーブド ガンダム』（KADOKAWA刊）の色味を参考に、GSIクレオスの「CS511 studio RECKLESS presents メカニカルカラーセット Ver.レッド」から濃淡の2色を使いました。濃い赤はクリムゾンジェム＋ホワイト。薄い赤はコーラルレッド＋シャインレッドを混ぜています。

また、キットの銀メッキは少し主張が強すぎるのでキッチンハイターに浸けて落としてしまいました。かわりにスパッツスティックス社のメッキ塗料、アルティメイトミラークロームをエアブラシ塗装して落ち着いた光沢の銀を表現してみました。

肩アーマーと脚部プロペラントタンクの「PLAN303E」のデカールは、パソコン＋Adobe Illustratorで線図を作成し、MDプリンタで印刷したものです。

◆あとがき

この製品はとにかく大きく、合わせ目を消す箇所も多いのですが、ていねいな基本工作を繰り返すだけですばらしくカッコよいディープストライカーができてしまいます。購入された方はくじけずにがんばって完成させてください。時間はかかりますが、そのぶんできあがったときの達成感は計りしれませんよ！■

圧倒的物量と対峙する『センチネル』ファン至福の刻

MG最大クラスのバケモノとなったディープストライカー本気で作り込むなら相応の覚悟が必要だ！

●脚部ブースターユニットの後方に装着するコンフォーマルパック。キットはこの部分のラインが有機的に反っている。過去のイラストや作例でも確認できない不自然な反り方なので、思い切ってこのコンフォーマルパックパーツをエッチングソーで切断！ パーツXK-10とXH-8にあるゆるやかな3次曲面を削り取り、プラ板を貼ることで平面の断面形状に変更した。パーツを削った部分にはあえて隙間を設け、内部にトラス状のプラ棒やジャンクパーツを埋め込むことで見せ場としている
●肩のフレームは2002年発売のMG Sガンダムのパーツがそのまま使われている。いまの目で見るとずいぶんとディテールが少なくシンプルに感じたため、胸部との隙間を埋める意図も含めてフレームユニットを追加した。肩のサイズに合わせて現物合わせでプラ板でフレーム状ブロックを箱組み、ブロックの中央には2本のプラ棒でシリンダー状ディテールを追加。葉山氏製作の1/20胸像にもあった肩口のシリンダー状ディテールのオマージュだ
●テールスタビレーター上部の角形センサー部に円形の市販ディテールパーツを埋め込み、工作後にクリアーグリーンで塗装した透明プラ板を接着してフタをした。センサーをよーく見ると複数の観測機器が同居しているようなカンジにしている
●主砲のパワーケーブルはキットのメッシュホースにシワがよってしまうので、被覆タイプの電線ケーブルに変更した

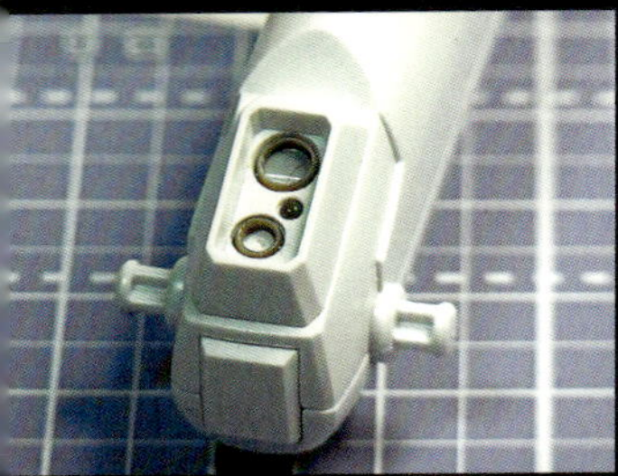

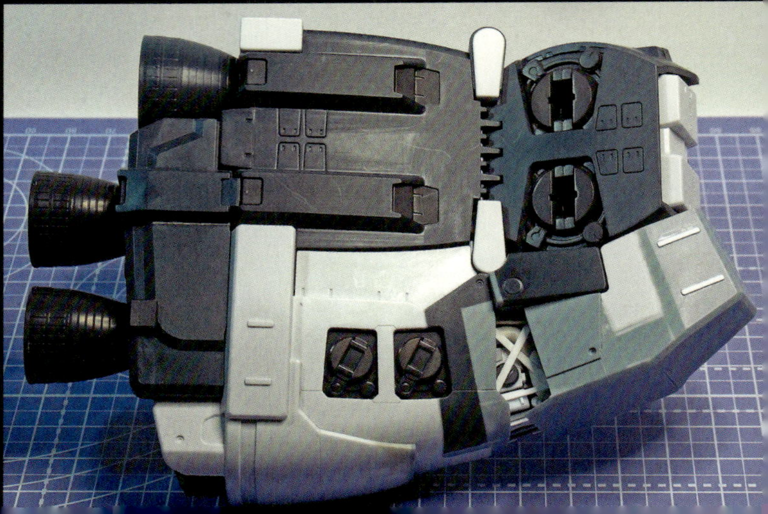

MSA-0011[Bst] PLAN303E "DEEPSTRIKER"

MASTER GRADE SERIES MAKE IT TO No.200 !
MG MSA-0011[Bst]"PLAN303E" DEEP STRIKER Début!!

ディープストライカー パチ組みRTA

※RTA……リアルタイムアタックの略。おもにビデオゲームなどでクリアするまでの時間をガチで競う遊び方を指す言葉

発売されたばかりのディープストライカーを手に意気揚々と編集部に乗り込んできたのはかつてHGUCネオ・ジオングのパチ組みレビューも担当したモデラーけんたろう。「MGディープストライカーはパチ組みでどれくらいの時間で組めるのか!?　早速タイムアタックしていまのうちに世界チャンピオンになるぜ！」的な突発的企てらしいんだけど……頼むからノリでドアを壊さないでくれ!!

❶まずは観察をしましょう。あまりにもバカでかい箱なので、同様にバカでかいマスターグレードEx-Sと積んで見てみる。これはデカい。さらにデカい。ちなみに箱正面はモデルグラフィックス2冊×2冊くらいのデカさ

❷ではザラーッと開封してみましょう！もし自分の部屋で開封していたらどれだけのランナーが腐海に呑み込まれていただろうか……。と思いにふけってしまうほどのランナー枚数である。その数、じつに39枚。アルファベットの数より多いじゃん。なのでディープストライカー独自のパーツに使われる新パーツが含まれたランナーには「XA」「XB」のように、頭に「X」が付いています

❸そいじゃ組み立てはじめますか、と組み立て説明書を開いたらいきなり「オイオイオ～イ！」とけんたろうブチ切れ!!

❹「組み立てが台座からなんて……俺は303Eを作りたくて買ったのに！」と悶絶。だがこの順にはちゃんとした理由があることに後ほど気づくのである

❺「見てくれ！　記念すべき、はじめてランナーから切り取るディープストライカーの最初のパーツが台座のアームなんて！」と台座から組みたくなさを無闇に強調するけんたろう

❻それでも黙々と組む。「でも'18年製の新パーツと'14年製のBstのときに作られたパーツが入り乱れるのはなんかこう、イイね」ランナータグに刻まれた製造年を眺めながら歴史に思いを馳せる

❼開封から約20分。台座が完成しましたぞ。最初こそ文句を言っていたが「アームの大きさが良い。こう持つとハンマーみたいじゃない?」とマイティ・ソー化

❽ディープストライカーの台座は、既存の台座に長大なプロペラントタンク用の専用支え台が追加されてるのがチャームポイント

⑨⑩続いて待望の新パーツ「折れ曲がるブースター」を組み立てはじめる。待望の可動設計に感動しながらも、同時に「18年製だけあってめっちゃ成型の具合がいい。組みやすい」と引き続き金型の製造年に想いを馳せる

⑪「なんかブースターのコネクタ（ムーバブル・フレーム・ラッチ）が目に、可動のためのスリットが口に見えてきたわ」とシミュラクラ現象に襲われるけんたろう。「これ全部で４つ作るんだよね？」そうです

⑫ディープストライカーの特徴である長大なプロペラントタンク。「手に持つとほとんどビーム・サーベル！」どちらかというとアイドルのLIVEで推しにサイリウムを振る人にしか見えない

⑬脚部のふたつのブースターユニットを組み終わり、ランナーに空白が目立ちはじめたそのとき、「あ！意外とこのバーニアのパーツすごくない？」と気づきを得たけんたろう。よく見ると……

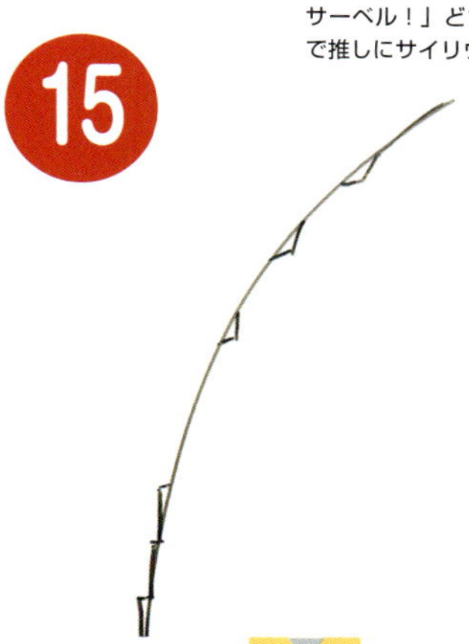

⑭なんの変哲もない、上下抜きのランナーなのにキレイにバーニア外周のモールドがいいカンジに刻まれてるじゃありませんか。指でなぞってみると⑮のように薄〜く段々にすることでモールドを再現している模様。これは技ありですね

⑯脚部のコンフォーマルタンク付きブースターユニットがふたつ揃ってご満悦のけんたろう。完成したユニットを肩にあてがって「今度こそビーム・サーベルでしょ？」とガンダム気分を味わう

⑰腰も組み上げましていよいよ台座にセット。ここで気付きが。「そうか!! ディープストライカーは脚がないから立たせられないし、少しずつ台座から生やすように組み上げていかないと、ってことなのね！ だから組み立て説明書では台座から作るように指示されているのね!! 文句いってスミマセン」

⑱と、いいことに気づいたものの……「あれ？ なんかプロペラントタンクが専用の支えにうまくハマらないんだけど」あっちをあてがえばこっちがズレ、こっちをあてがえばあっちがズレ、とうまく収まらないプロペラントタンク。「とりあえずほっとこうか」と先に進むことに。が、ここにもじつはけんたろうの過ちが……

⑲上半身は2002年発売のSガンダムと同様のもののため、最近あまり見なかったビスを使う。「このビス袋のうまい開け方知ってる？」とナイフに手を取りL字に切り取るけんたろう

⑳「普通に開けないで、こうして袋の真ん中にL字に切り込みを入れるとひとつずつビスが出せて不用意に無くさないんだよ」ガンプラ以外にも使えそうなプチ情報でした。有益！

㉑組み立て工程はいよいよ頭に到達！　隠れたウリのひとつである、完全新規設計の頭部はEx-S付属のものに比べて格段に小さくなりハイディテール、かつバルカン砲口まで色分けされたうれしい逸品。「これだけでも売ってほしい」とびっくり

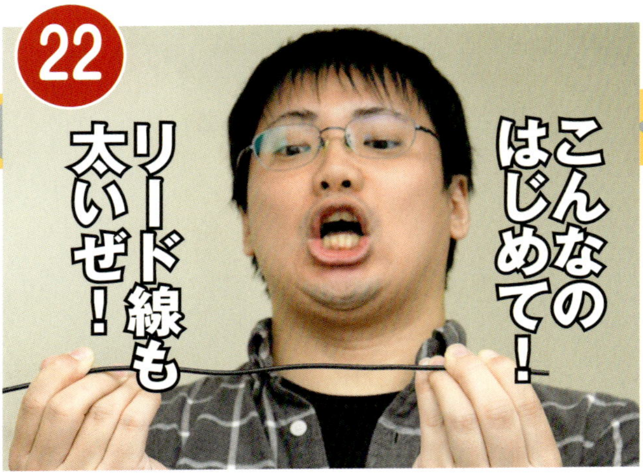

㉒メガ粒子砲に接続されるエネルギーチューブはリード線にメッシュパイプを被せるという構造。そしてそのリード線が太い。「リード線っていつものガンプラについてるインコムとかに繋げる、あの太さのやつだけじゃなくてこんな太いのもあるのね」とまたもや些末な箇所に驚愕。ライトニングケーブルくらい太いよ

㉓『センチネル』別冊でおなじみの1/20 Sガンダム胸像リスペクトの外装が特徴の胸部。組み立て中にランナーについてる旧胸外装パーツと比べるとディテールはもちろん、エッジのシャープさもまったく異なるのに驚き。この比較はけっこうな楽しさがあるので読者のみんなもディープストライカーをパチ組んだときはぜひやってみてくれ！

㉔というわけで胸部が完成。基本設計は2004年発売のSガンダムながら、胸部と頭部には最新設計・ディテールのパーツが使われていて、懐かしさと新鮮さが襲いかかってくるオイシイどころでした

㉕組み立て開始から4時間ちょいほど経った16時半、さすがに疲れて集中力が切れてきたのか30分休憩！「模型作りでも、根詰めすぎずに適度にゆとりを持つことが大事だと思うんだよね！　いまいいこと言った」ドヤ顔だけど、タイムアタックはどうなった!?

㉖さてさて、休憩を終えて上半身を腰から生やしてみるとあらびっくり！　下半身だけのときはうまく台座にハマらなかったプロペラントタンクがキレイに収まった！　いろんなパーツの重ね合わせによってパーツの位置がきちんと収まったらしい。静かな感動

㉗先に作っておいた背中用ブースターユニットをつけてIフィールド・ジェネレーターをつけて背部プラットフォームをつけて……だいぶディープストライカーっぽさが増してきました。「ディープストライカーってカノンの取付け方は凝ってるけど、大型キャノンとレドームはこんなTの字の桁渡すだけだったんだね！」こういうところも立体を触るからこそわかる気付きですね。おもしろいです

㉘残すは腕と背部の武装のみ!!　パーツをすべて切ったランナーもだいぶ増えました。「ガンプラをパチ組みしてていちばんうれしいのって、パーツはがなくなったランナーを捨てていくときだよね！」完成したときじゃないんかい！　とツッコミつつわかる気もする

㉙腕を組みはじめるけんたろう。とくに迷うところもなく順調にパーツが揃うが……またも新発見。「あ〜〜！　ディープストライカーって肩のサイドジャケットが付いてないんだね！　マジか……30年近く気づいてなかったわ」。こんな気付きを得られるのも、ディープストライカーがプラモデルとして楽しめるようになったからだと言えるだろう（担当編集も言われて気付きました）

㉚とてつもない長さのメガ粒子砲。ロボットものでは細長い銃器がよく「物干し竿」なんて呼ばれますがここまで来ると剣だ。聖剣だ。間違ってもパンツを干すのに使ったりしちゃあいけない

㉛大型ディスク・レドームも組み立ててメガ粒子砲とともに背部プラットフォームにセット！　「完成か!?　これは完成なんじゃないか!?」

㉜いやいや、エネルギーチューブを忘れないでください。さっき太～いって遊んでたでしょ。「この手のチューブは、収め方やラインの流し方で見映えが結構変わるから重要！」って、忘れてたやん！

㉝「完成だろ！　今度こそ完成だろ!!」とはしゃぐけんたろう。いえいえ、まだビーム・スマート・ガンが残ってます。「でっかい大砲あるのに要る？」……って、そういう問題じゃないでしょ！　やっぱり持たせるとカッコいいです

㉞そしてついに、ついにMGディープストライカーが完成しました！　タイムは7時間40分！　「まだタイムアタックに挑戦してる人いないと思うからいま僕が世界記録保持者！」途中休憩も挟んでるしレビューもしながらだから簡単に更新できそうですが、まずは世界記録おめでとうございます！

㉟「いや～、いままで雲の上の存在だったディープストライカーがこうして手に入るなんてウレシイ！　8時間近くかけたこともあって愛着わくわ～」とご満悦のけんたろう

㊱おもむろに抱えたままエレベーターに乗ると……

㊲喜びに包まれ夜の神田をディープストライカーとともに走り抜けていくけんたろう。ひとりと一機の夜は更けていった……。みんなもディープストライカーを買って、ディープな一日を過ごしてほしい！　それではッ！

あまりに大きな箱に持ち手がついているパッケージってんで、店頭で紙ペラ一枚だけつけられたむき身の箱を渡された私。周囲の視線が刺さる羞恥プレイ……いや、ディープストライカーを買った勇者として羨望の眼差しを受けながら参上でござる！

編集部のドアを箱でやさしくドツキつつ侵入してさっそく開梱です。空にまたたく星のようなランナーの数。これだけの数をうちの汚部屋で扱ったら、毎回ランナー探しの旅に出るだろうことうけあいです。やはり広い編集部にカチ込んだ甲斐があった。

まず「いきなり台座から作らせるなんて殺生な」という展開に思わずズッコケましたが、しばらく進んで納得。脚がブースターで立たないので、台座に最初から据えていくのは大正解。下から積み上げていく建造……いっそ建築、そういうジャンルです。

ブースターはパーツが多いですが、分割も考えられていて最後に寄木細工のようにピッタリと決まる楽しさがあります。組んだ本人ですら、時間が経つとどう組んだのかわからなくなるパズルっぷりです。

ブースターが終わると胴体や頭とテンションの上がるところにいきます。いまだ伝説のキットと名高いEx-Sからの流用部分はやはりマッドなパーツ群。変形用のギミックを詰め込みつつもアウトラインを大事にした妥協なき構成にはしびれるものがあります。そこに'18年の新規ディテールが刻まれた胸パーツが加わります。マスターグレードが年月を超えた縦軸をもって組み合わされる不思議な感覚。頭部はインコムつきのバージョンも入ってるわけで、MG Ex-Sをどうにかしてやろうという情熱が伝わってきます。そんなブースターと本体の製作を乗り越えて、最後にその上に巨大なユニットを建造することになります。ディープストライカーの背中ってこういうふうになってたのか……。手にとる世界は発見の連続。すべてが完成したとき、疲れを忘れ頭に乗っけて駆け回りたいほどの喜びに包まれました（てか実際に駆け回りました）。このマスターグレードはまさにアルキメデスの"Eureka!!"だったのです。■

MSA-0011[Bst] PLAN303E "DEEPSTRIKER"

本製品には複数の意図やサプライズが込められているのですが、あなたはそのすべてに気づいているでしょうか？　ここではさまざまな角度からキットパーツを検証し、そのポテンシャルを解説していきますぞ！

MG 1/100ディープストライカーに込められたバンダイの本気な仕掛け

祝！ガンプラ発売、そこには込められたさらなる深い意味と展開が……

◀ランナー数は30枚超！　文句なしにこれまでのMGシリーズ最大ボリュームとなる。▼しかし、パーツの貼り合わせは極力単純化されている

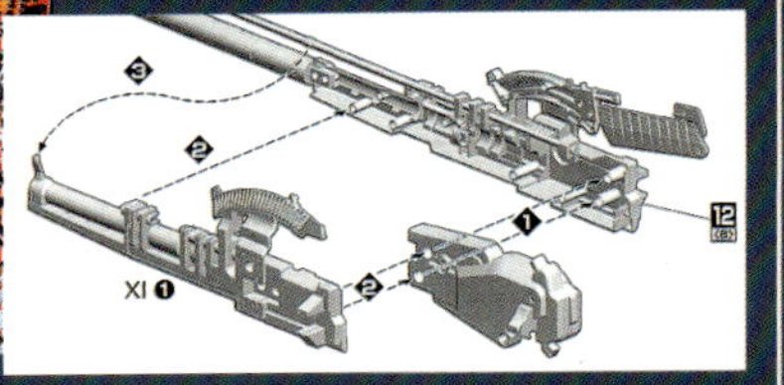

大型キットだけど組みやすい、ガンプラ標準仕様

マスターグレードというと、内部構造を再現＝とてつもないパーツ数と組み立て工程を想像してしまい、製作に着手する前からその煩雑さを敬遠してしまう人もいるかもしれない。ところが本製品は一体成型できる箇所を見極めた結果、ランナー数こそ過去最大ボリュームなものの、パーツ分割は驚くほどシンプル。大型キットながら、休日丸一日使えばパチ組みを終えられるくらいの工程数にほどよく調整されているのだ

パーツ共有と新規設計の見事なる融合形 これはバリエーションキットの新次元である

▼プレミアムバンダイで限定販売されたブースターユニット装着型。股関節と腰部プロペラントタンクとその接続部の多目的パック、非変形のGコア、スマートガン接続アームなどのパーツがディープストライカーに継承された

本製品は15年前に設計されたMG Sガンダム系製品の金型を使った「バリエーションキット」でもある。上半身ユニット(胸部フレーム、肩、右腕)や、ブースター・ユニットと背中をつなぐアームもMG Ex-Sガンダムのランナーだ（つまり、過去製品に多用されたABSフレームやビス止め構造も健在）。また剛性が求められる胴体中央のGコアや下半身は'14年にプレバンで販売されたブースターユニット装着型の専用ランナー群を多用している。まさしくこれまでのMG Sガンダム系製品のノウハウを結集したプロダクトなのだ

▶放熱板の赤いスリットも見事に色分けを再現。このスリットの1本1本はまとめて櫛状に一体成型されている（！）。シリンダーにあしらわれた銀メッキの質感も良好だ

ここまで色分け再現 もう塗らなくても……

(そんなことはない！ 塗ったらもっとカッコイイから)

部品数は絞られているものの、設定のカラーリングは成型色によってていねいに再現されている。主砲はもちろん、各部フレームや装甲からのぞくメカユニットの配色もひとつひとつが色分けされ、パチ組みのままでも充分満足感が得られる。また各シリンダーや砲身リングパーツに銀メッキを採用し、鈍く光るアクセントとしているのも本製品の特徴だ

これを待っていたんだ！ 折れ曲がるブースター再現

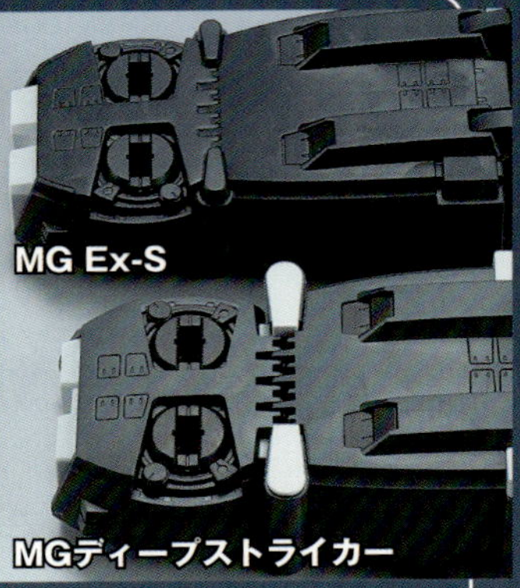

Sガンダムのブースターユニット。背中に付けている際も脚部に装着している際も、できるだけ外側に広がっていたほうが迫力が出る。ブースターの中途に切れ込みを入れて折り曲げようとした人も多いのでは？　MGディープストライカーに付属する新造形のブースターユニットはパーツが上下に分割されており、そこに関節が仕込んであるため手軽に外側に広げることが可能となっているぞ！

もちろんギミック満載 ランディングギアも動くよ

ブースターユニットの可動に加えて股間と左右の脚部先端にあるランディングギアのそれぞれが独立可動。スキッドの動きにあわせてシリンダーが上下するギミックは、単純ながらつい何度も動かしてしまう魅力にあふれている。また、右大腿部に接続されたビーム・スマートガンの支持アームは三ヵ所で可動。フレキシブルに動き銃の上げ下げを妨げない。

▶これが、センチネルモデラー待望の「折れ角のつけられるブースター・ユニット」！　このパーツ、もちろんBst型の脚部に無改造で装着することも可能。ブースターが外側に広がることで、機体のシルエットが一気にカッコよくなるのだ

主砲全長540㎜、パチ組みでここまでできちゃう!
BANDAI SPIRITS MG 1/100 ディープストライカー

そしてこのキット……じつは、MG S／Ex-Sの実質的リメイクなの!!

なんと頭部や肩外装、胸部外装が新規に造形されている。ひと回り小さくなった頭のモールドや胸部装甲の開口部メカディテールは、本誌に掲載された葉山貴之氏製作、1/20 Ex-S胸像のディテールのオマージュなのだ！

▶過去のリファイン版Ex-S作例にあった肩外装のスライド。本来は肩パネルの「下側」が胸方向にスライド、肩アーマーの下側に空間をあけることで腕を前に出せる（カトキ氏のイラストのように、スマートガンを両手で持つ際に肩を動かしたくない！）……という意図なのだが、現在は肩の「上側」がズレる立体物が増えている。外側に広がると肩がより大きく見えるし、これはこれで

MG Ex-Sという、早熟すぎた"臨界点"

MG 1/100 Sガンダム／Ex-Sガンダムを再考することで見えてくる MG ディープストライカーが「何者なのか」という問いへの答え

MG ディープストライカーは「単にパーツをちょこっと足した安易なバリエーションキット」ではないのだが、それを理解するには、その元となったMG Sガンダム／Ex-Sガンダムについて振り返る必要がある。驚きのギミックを実現した「早すぎた傑作」とでも言うべきこのアイテム、15年前にしてすでに現在のガンプラに通じるエッセンスが詰め込まれていた。

◀「ガンプラでの可変再現は不可能」と言われていたEx-Sガンダム／Gクルーザーだったが、MGの製品化は、そんな当時の"常識"を見事にひっくり返した。いま改めて見ても驚かされるガンプラ脅威のメカニズムなのだ

▶MG Sガンダムでは、Gアタッカー／Gコア／Gボマーへの分離合体変形が可能で、あらかじめこの分離合体とEx-SのキットでのGクルーザーへの可変を同時に成立させることを前提として設計がなされている。Sガンダム／Ex-Sガンダムの設定は、1/100のプラモデルで再現するギミックとしては無理難題に近いが、それを「完璧」と言ってよいレベルで実現している

MGディープストライカーを理解するうえで欠くことができないピース、それがMG SガンダムとEx-Sガンダムだ（並記すると長くなるので、ここでは両者をまとめてMG Ex-Sとして扱うことにする）。

MG Ex-Sの発売は'03年（Sガンダムは'02年）、MG60作目となる、シリーズの大型化のはしり的アイテムだった。当時はEx-Sガンダムの1／100プラモデルなんてものは存在しないなかでの製品化だったのだが、当時大いに驚かされたのがその「完全」なる変形機構の再現だった。Sガンダム時のGアタッカー／Gコア／Gボマーへの分離合体変形と同時に、Gクルーザーへの変形をも実現してしまったのだ。

Gアタッカー／Gボマーへの変形機構とGクルーザーの変形機構では胸部やGコア周辺の位置関係が変わるうえ、Gコアをメインフレームとして前／後部が接合される構造となる。もちろん、あの精細な変形図（単行本『ガンダム・センチネル』に収録）があるのでごまかしはきかない。そこに真正面から挑戦したのがこのMG Ex-Sだった。そして、変形図のユニット位置関係を忠実に再現することに見事に成功するのだ。まさに「完全」な変形再現。MG Ex-Sの構造を単行本のP88に掲載されたイラストと見比べると驚かされる。それまで無理だと思われていたS／Ex-

▶脚では、スネが脚の甲に移動して折りたたまれる機構を完全再現。おまけとしてGコアにA／Bパーツのコクピットブロックを接合した状態も再現可能。設定再現にかける開発陣の執念を感じさせられる

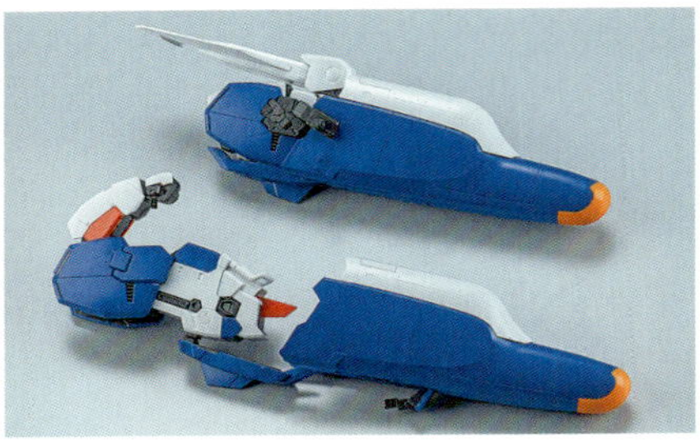

▲▶Gクルーザー時の胴体内の構成再現はすばらしいのひと言。ムーバブルフレームでブースターユニットが固定されるところも再現している。腕が肩アーマー外装にすっぽり収まるギリギリのクリアランスにも驚かされる

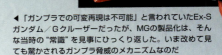

MASTER GRADE SERIES
No.60 MSA-0011[Ext] 1/100 Ex-S GUNDAM G-cruiser mode

MSA-0011[Ext] Ex-Sガンダム
BANDAI SPRITS　1/100
マスターグレードシリーズ
インジェクションプラスチックキット
発売中　税込8640円
製作／**寝太郎23**

Sガンダムの変形機構再現は、ガンプラの可能性を一気に押し広げた瞬間であった。

　しかしながら、当時このMG Ex-Sが諸手を挙げて『ガンダム・センチネル』ファンに受け入れられたかというと、それがそうでもなかった。ガレージキットブームの最後の時期であった当時は、「外形フォルム重視」の風潮があり、いまとなってはあたりまえになった「ガンプラならではのアレンジが加えられた造形」に対する拒否感を示すファンが一定以上いたのだ。その傾向はとくに『ガンダム・センチネル』のアイテムでは顕著で、MG Ex-Sは、「原典に形を似せるなら改造が必要」しかし「ギミックがすごすぎて改造しにくい（ほぼできない）」というジレンマの狭間で、驚きのギミックを実現しながらも「決定版」キットとして認識されるには到らなかった。

　そして10年が経った'14年、膨大なラインナップとなったガンプラのなかに埋もれていたMG Ex-Sの「遺伝子」は、突然のように再起動する。プレミアムバンダイで受注販売されたMG Sガンダム ブースターユニット装着型だ。非変形のGコアと股間部のパーツを新造することで、MG Ex-Sの既存パーツを組み替えた製品である。

　このMGブースターユニット装着型は、プレミアムバンダイが生み出した「限定生産にすることでニッチアイテムを製品化可能にする」「パーツ共有化によるバリエーション展開」という'10年代のガンプラ製品化手法のお手本とも言えるもの。このブースターユニット装着型がガンプラファンに受け入れられたからこそ、製品化が絶望視されていたMG ディープストライカーが発売にこぎ着けたことは言うまでもない。

　MG Ex-Sは、その登場が早すぎた……あるいは時代とファンの意識がその内容に追いつくのに10年の月日が必要だったのかもしれない。MG Ex-Sに見られる、原典を活かしたガンプラなりのアレンジ、ABSとポリキャップを必要に応じて使い分ける設計センス、基本となるキットを最大限活かしたバリエーション展開、そのすべてがいまとなっては当たり前のこととなったが、10年前はまだ試行錯誤の段階だった。もしいまこのMG Ex-Sが初めて発売されていたら、ファンのリアクションは当時とはまったく違うものになっていたのではなかろうか。そして、そんな「もしいま……」という問いに答えてくれたのがMG ディープストライカーだ。

　変形機構そのものはものすごい再現度だったMG Ex-Sだったが、保持力や精度という意味では、当時の技術的限界が現れているところもある。MG ディープストライカーではそうしたところに手当てがなされるのと同時に、より原典が意識されたカッコいい上半身が新規で造形されており、そのパーツをMG Ex-Sに移植することができるというサプライズまで織り込まれている。あのMG ZZガンダム Ver.Kaを経たいま、いまならできるであろう「新MG Ex-S」の姿が視野に入ってきた。そこに夢を抱くなら、まずはMG ディープストライカーを手に取ってその「可能性」を直に感じ取ってみてほしい。■

▲▶Gコアと股間ブロックを新規に作ることでMG Ex-Sを「再生」したのが MG Sガンダム ブースターユニット装着型。MGディープストライカーでも芯にこの股間部分のパーツが使われている

●MG Ex-Sガンダムにおいて、あえて難点を挙げていくとするとポイントになるのが、「大振りな頭部」「展開しない肩ユニット」。これらは当時のガンプラとしてのアレンジのベクトルや技術力、価格的な制約を鑑みるに致し方ないところなのだが、MGディープストライカーでは、新規設計パーツにより以上の3点がすべてクリアーされている

驚くべきギミックと物量の傑作 マスターグレード Ex-Sガンダム

MGが発売されるまで「1/100での変形機構再現は不可能」と目されていたEx-Sガンダム。不可能を可能にした本キットのギミックは今の眼で見ても驚くべきものだ。MS／Gクルーザー両形態を破綻なく両立するだけでなく、変形画稿で描かれた構造をできうる限り忠実に再現している。

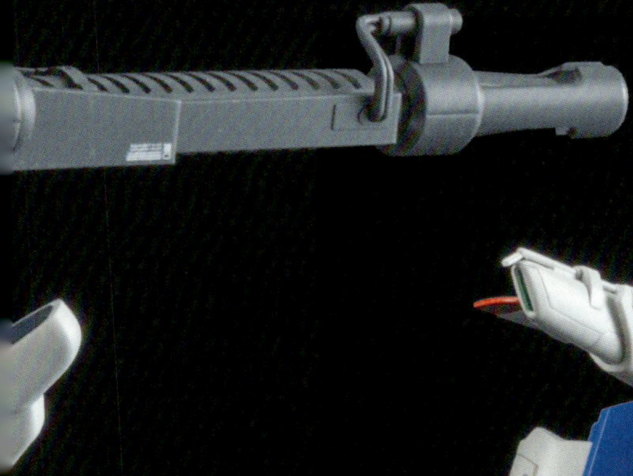

●背面のブースターの折れ曲がり機構は、別冊「ガンダム・センチネル」では文字のみでの解説だった。画稿や作例では折れ曲がっているものはないので、折れていなくてもあながち間違いとは言えないのだが、Ex-S背面の末広がりなラインを出したいならばブースターが折れ曲がってくれるといろいろ都合が良い。MG Ex-Sガンダムの段階では残念ながらこの折れ曲がり機構は再現されておらず、MGディープストライカーで初めて実現することとなった

MSA-0011[Ext] Ex-Sガンダム
BANDAI SPRITS　1/100
マスターグレードシリーズ
インジェクションプラスチックキット
発売中　税込8640円
製作／**寝太郎23**

キットストレート組みでMG Ex-Sガンダムを改めて見直してみる。

●大振りの頭部はガンプラのラインナップとして見ると妥当なアレンジなのだが、別冊『ガンダム・センチネル』掲載のリファインEx-Sのイラストや作例と比べると違和感がある。ここをどうするかは永らくモデラーの判断に委ねられてきたが、MGディープストライカーの登場により、モデラーが選択しやすい新たな選択肢が増えることとなった

組み替えだけでここまでイケる。
MGディープストライカー＋MG Ex-S

ご覧いただいたように、そのままでは別冊『ガンダム・センチネル』の画稿／作例のイメージとは異なるMG Ex-Sガンダムだが、MGディープストライカーのパーツを組み込むと……このとおり、小顔でスマートかつマッシブなイメージに大変身!! 左のストレート組みと比べると圧倒的にリファイン版Ex-S的なイメージに近く作れてしまうのだ。

MG 1/100
Ex-Sガンダム
＋
MG 1/100
ディープストライカー

●MG Ex-SにMGディープストライカーの上半身を組み込んだ状態がコレ。いっさい無改造で組み込むことが可能で、MGディープストライカーにはインコム付きの頭部パーツもオマケでついているのだ

ここが超重要。

ディープストライカーの
新規設計パーツを
Ex-Sに組み込むと……

無改造で
組み合わせただけで
こうなっちゃう！

コレっていわば
"リファインMG" Ex-Sです!!

MGディープストライカーの新造形頭部や肩外装、胸部外装は「無改造」で過去製品に組み込める（ちなみに変形機構もそのまま残せる）。設定上ディープストライカーの頭はインコムを外しているのだが、製品にはインコムパーツもオマケで付属するという至れり尽くせりぶり。そして右写真、「あの」MG Ex-Sが劇的に生まれ変わったことがわかる。これはもう、実質MG Ex-Sガンダム“Ver.1.3（くらい）”と言っても過言ではない

MG 1/100
Ex-Sガンダム

◀写真右がMGディープストライカー、左がMG Sガンダムの頭部。そのサイズとディテール密度、カッコよさの差は一目瞭然。バルカンやインコム砲口がパーツ分割されるなどの技術の進歩も実感する

▲リメイクされたブースターユニットもMG Ex-Sに無改造で装着可能。折れ角がつき、外側にカッコよく広がったブースターに心が躍る。ぼくたちはこれを待っていたんだよ！

インコム付き頭部と肩のスライドギミックは明らかにEx-Sガンダムを意識

ディープストライカーとして作るなら必要ないインコム付きの頭部と肩のスライドギミックはまさにEx-Sを作るためにあると言っても過言ではない。とくに肩のスライドはリファイン版Ex-Sガンダムのイメージで作るなら外せないポイント。スライドすることにより肩が大きく見えて、小振りになった頭部と合わせて、無改造でもリファイン版Ex-Sっぽいフォルムイメージとすることができるようになった

そんなこんなでMG Ex-SガンダムにMGディープストライカーのパーツを組み込んで製作したのがコレ！　以前なら大改造しないと実現しなかった1/100でリファイン版テイストなEx-SがMGベースで比較的手軽に製作できる日がついにやってまいりました。『モデルグラフィックス』特集掲載時はあえての記念塗装バージョンでしたが、本書用にリファイン版カラーリングにリペイント。このフォルムにはやっぱりこのカラーが似合います。ここからはじっくりと作例をご覧いただくことにしましょう。

MSA-0011[Ext] Ex-Sガンダム
BANDAI SPIRITS　1/100
マスターグレード ミキシングビルド
製作・文／**堀越智弘**

EARTH FEDERAL SPACE FORCE
/ANAHEIM ELECTRONICS "VMsAWrs"TMS

MSA-0011[Ext]
"Ex-S" GUNDAM

そして、真打ち登場。やっぱりEx-Sはこうじゃないと——単行本用として雑誌作例をオールリペイント。

1/100

MASTER-GRADE Based.

新造形頭部＋スライド式肩アーマー＋折れて展開するブースターを移植これ、間違いなくカッコいいんですけど！

▶作例はMG Sガンダムに MGディープストライカーのリメイクパーツを組み込み、ディテールの甘いところを市販パーツに置き換えるコンセプトで進行。プロポーションについてはできるだけキットを尊重している（テストショットのため胸パーツの色が製品と異なる点に注意）。MG Sガンダム系キットの「どうにかしたい」箇所として、大きい頭部、肩のスライドギミックの有無、胸ディテールの寂しさが挙げられるが、新規パーツではそういった従来の上半身への不満点がほとんど解消されていることがわかる

●なにげに胸部ダクトパーツも新造形。サイズは旧キットといっしょなれど、マルイチモールドの奥が抜けるようになったのに設計者のアップデート魂を感じる

MGディープストライカーを組み込んで、そこからさらにディテールを研ぎ澄ましていく。これなら工作は楽で、しかも楽しいぞ!!

●作例では、MGディープストライカーのパーツを組み込みつつ、別冊『ガンダム・センチネル』のカバーモデルや画稿を参考にさらにディテールアップ。1/100ならではの密度感を目指した

小顔化＋肩展開で一気に雰囲気がリファインEx-Sに！

▶リファイン版Ex-Sのイラストや作例は肩が大型化されたが、MG版は大型化される前のバランスで設計されている。そこで頭と肩を新規パーツに交換すると小顔な頭が肩の大きさを引き立てるうえ、スライドギミックによりさらに肩が大きく見えるようになっているのだ

そのままパチ組み

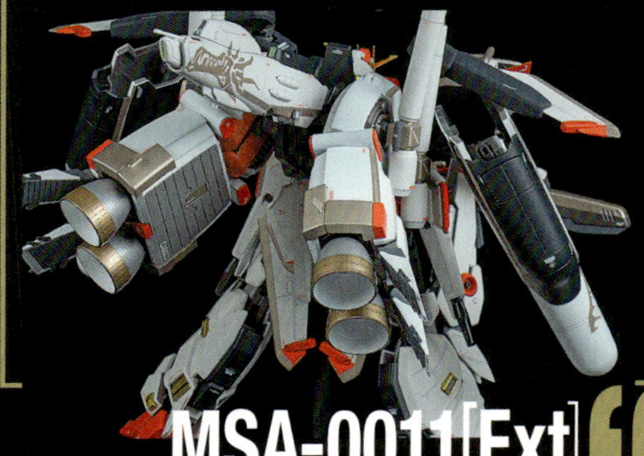

ブースターを開くとシルエットがよりそれらしく！

◀背部ブースターユニットもMGディープストライカーのものに換装。サイズ自体はEx-S付属のものと変わりないが、中途で折れ曲がるギミックにより左右に広げることができるようになった。往年の作例やカトキ氏のイラストのラインにぐっと近づいた！

MSA-0011[Ext] “Ex-S” GUNDAM

MG Ex・SとSガンダムは15年程前の製品ですので関節がビス止めだったりと現在のフォーマットとは違って多少作りづらいと感じる部分もありますが、プロポーションと変形、合体機構を両立させたスゴいキットです。これに最新のMGディープストライカーの頭部、胸部、肩、ブースターを贅沢にもディテールアップパーツとして組み込もうというのが今回の趣旨です。

新造形の頭部は、マスク部分のスジ彫りを彫り直し、アンテナの裏側をカンナ掛けして薄く処理すればもうカッコいい。真ん中のアンテナは組み立て途中で折れてしまったので0・5㎜真ちゅう線に置き換えました。インコムは塗装を考慮して後ハメ加工。ビーム砲口を3分割して塗装後にインコムの穴に押し込みます。パーツがかなり小さいので注意して下さい。

胸の外装もMGディープストライカーの流用です。VHFアンテナは市販のエッチングパーツに置き換えました。肩幅が少し広いのでポリパーツのPC-25を3㎜切り左右で約6㎜詰めました。

腕はスマートガンに両手を添える、リファイン版のイラストに近づけようと思います。まず、上腕が肩の内側に干渉して腕が上がらないので肩アーマーの内側の前部分はできるだけ切り飛ばせば、あまり肩を動かさずに腕だけ前に振ることができます。また肩の取り付け位置もビス止め部分に2㎜スペーサーを挟んで上げました。腕は前腕の赤い部分をエッチングソーで切り離し、白い方の内側にポリキャップを仕込んで伸縮ができるようにします。伸びた場合の隙間部分にはフレーム風のカバーを被せます。上腕も肩との接続部分に3㎜スペーサーを挟んで腕部全体で長く見えるようにしました。手首はBクラブ製HDMユニコーンガンダム用（絶版）を使用しています。

Ex・Sの背中にはMGディープストライカーの新造形ブースターユニットがそのまま取り付け可能です。真ん中で可動する部分が追加されているのでブースターの表情付けができていいですね。大きさもEx・Sのモノと変わりません。Ex・Sの大口径ビーム・カノンもそのまま取り付けできます。外装パーツに合わせ目があるので後ハメ加工を施し、偏向プレートは可動範囲が狭いので軸を強引に曲げて広げられるようにしています。

◆終わらない追加工作

ここまではEx・Sをアップデートする方向性で製作していたのですが、表面処理を終えた段階で突然ピンときちゃいました。「『センチネル』30周年なんだからパーツ換装でSガンダム／Ex・S／Bst型の3形態が再現できるようにしたら、一粒で三度美味しいんじゃない!?」と。そこで急ょMG SガンダムとBst型のキットを用意し、外装を交換できるようにプランを練り直しました。基本ははめ殺しになっているテールスタビレーター基部とニークラッシャーのピンの一部を削り落とすだけで後ハメが可能になりますので、そんなに大変ではありません。ただ、厳密にはEx・SとBst型では腰部の形がまるまる変わっていますし、キットでもBst型はGコアから下の部分が新造形になっており、Gコアと腰の接続方式も変更されています。今回は強度を考えてGコアを上体と固定して作っていたので、腰も止むなくEx・Sと同じままとしました（無念）。

◆驚きの塗装プラン

そろそろ塗装を……というタイミングで東海村原八氏が配色を考えてくれるとのことに。イラストは白ベースで全身にゴールドのライン、ビビットなレッド、肩には30周年のマーク。スーパーロボット？ 才気爆発なセンスに最初は面食らいましたが、およそ3週間の塗装作業が終わると……これはこれでカッコいい！ マスキング地獄の苦労が吹き飛ぶような出来ばえとカラーリングのまとまり方にかなり満足しました。と言いつつも、やはりリファイン版カラーリングで塗りたい……という想いは捨てきれず、なんと本単行本のためだけにリペイントを敢行!! 大変だったけど……やっぱりリファイン版は最高です！ ■

Model Graphix
2018年7月号
掲載

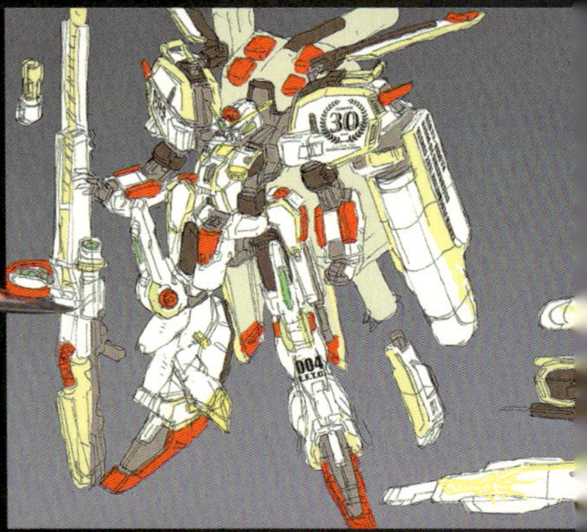

◀こちらは『モデルグラフィックス』特集掲載時の記念塗装カラーリング作例と東海村原八氏のラフ。UC.0118年に開設30周年となった連邦宇宙軍テストセンター（E.F.T.S＝Earth Federation Test Sentar／※もちろん勝手な妄想。自衛隊の飛行実験団や英国A&AEEみたいな試験専門部隊を想像）で施された記念塗装……という想定。ここから塗料を剥がしてリペイントしている

◀▲ついでにSガンダムとBst型にも「なんちゃって」換装できるように製作。工作はわりと簡単だ

EARTH FEDERAL SPACE FORCE
/ANAHEIM ELECTRONICS "VMsAWrs"TMS

MSA-0011[Ext] "Ex-S" GUNDAM

MGベースでここまでイケる、"リファインEx-S"

●頭部は小振りになったMGディープストライカーのものをベースに工作。大幅な小型化改造をせずとも良いバランスにすることができる

●胸部の新規パーツにあるVHFアンテナは成型の都合で分厚いので、まるごと削り落としてから市販エッチングパーツを挿している。胸部装甲の開口部にあるメカディテールも一部タガネで削り落としてから市販のマルイチモールドパーツに置き換えている。仕上がりを見るとかなり手が入っているように見えるが、キットパーツがゲージになっているので加工は最小限の手間で済むようになった

VMsAWrs
VMsAWrs

圧倒的物量と洗練されたカラーデザインの融合
『ガンダム・センチネル』の精髄をMGで

●頭部の小型化と肩のスライド機構のおかげでかなり肩が大きく見えるようになったが、さらにリファイン版のイラストに近づけるべく肩関節は2㎜上方に移動させている
●MGディープストライカーの折れ曲がるブースターユニットを使うことにより、簡単にリファイン版の末広がりなイメージが再現できるようになった。折れ曲がらないブースターパーツでもハの字にはできるが、それだとビーム・カノンの位置が内向きになり、これを解消するには基部に大きく手を入れる必要があった。この折れ曲がるブースターパーツなら無改造でも4本のビーム・カノンを適正な位置にすることができる

EARTH FEDERAL SPACE FORCE
/ANAHEIM ELECTRONICS "VMsAWrs"TMS

MSA-0011[Ext]
"Ex-S" GUNDAM

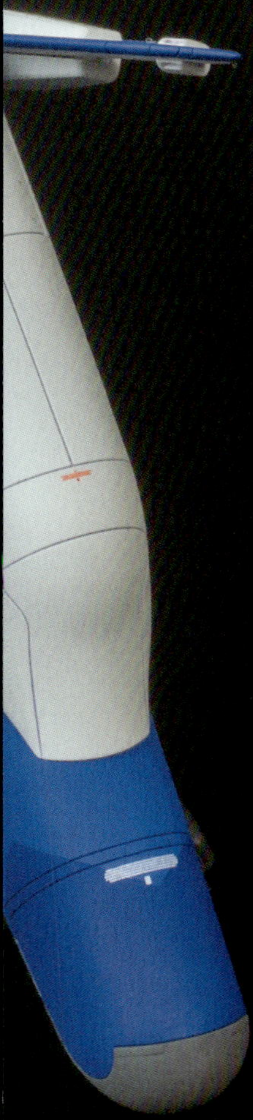

MG Ex-S発売から15年 MGディープストライカーによってこじ開けられた新たなるステージ

●腕もリファイン版のイラスト／作例に近づけるために延びた状態へと改造。単純にそのままだとスマートガンに手が届かないのだが、Ex-Sの作例を製作するうえでは「ムーバブルフレーム機構を模型に落とし込む」のは非常に重要なエッセンス。さすがにMGディープストライカーでも腕の伸縮は再現されなかったので、ここはモデラーの腕の見せどころだろう。キットの構造を活かせば意外と簡単に延ばすことができる
●肩のスライドと頭部の小型化により前後方向の奥行き感も増し、よりEx-Sらしい上半身の立体構成が再現されている
●頭部は基本的にMGディープストライカーのパーツそのままだが、アンテナや細部ディテールがシャープに見えるように手を入れ、スケール感を強調するようにしている

EARTH FEDERAL SPACE FORCE
/ANAHEIM ELECTRONICS "VMsAWrs"TMS

MSA-0011[Ext] “Ex-S” GUNDAM

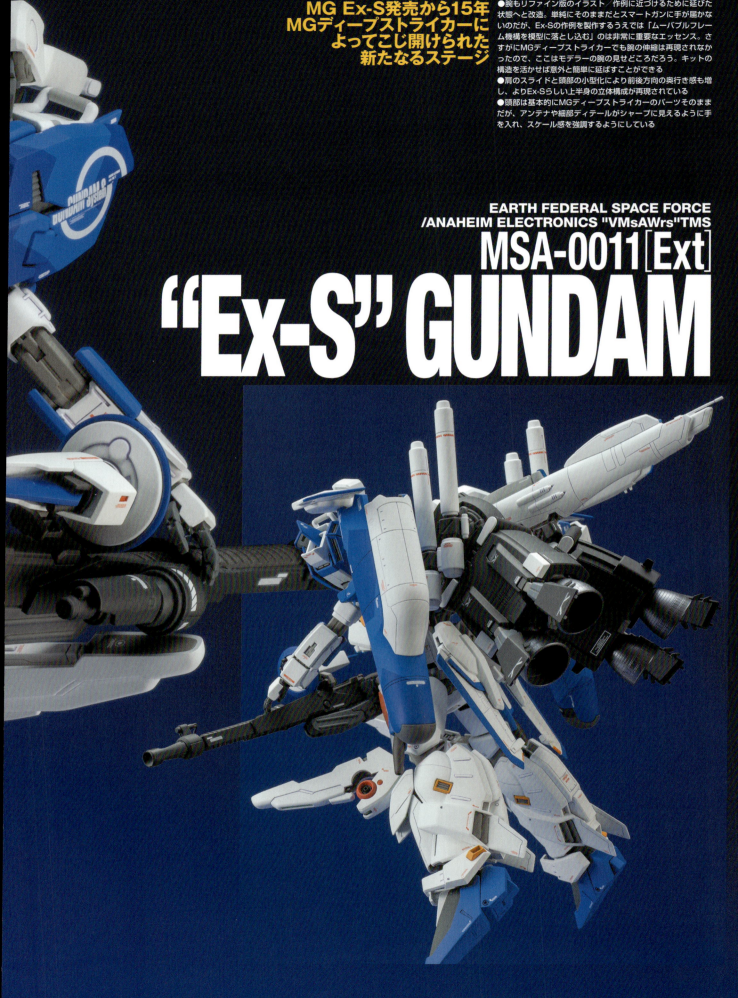

VMsAWrs

EARTH FEDERAL SPACE FORCE
/ANAHEIM ELECTRONICS "VMsAWrs"TMS

MSA-0011[Ext]
“Ex-S” GUNDAM

1/100 MGミキシングビルドで作る ガンプラ Ex-Sガンダムの最新形

●Ex-Sガンダムを作るなら一度はやってみたいのが、「GUNDAM SYSTEM」のロゴがずれているところの再現。MGディープストライカーのパーツを使えば無改造でもこれが再現できてしまう。うーん、すばらしい
●ムーバブルフレームのなかに埋もれる頭部ユニットの再現……これもEx-S立体化の醍醐味のひとつ。フレームは適度に塗り分けていくことでメカニカルな雰囲気と模型的密度感を出している

GUNDAM System

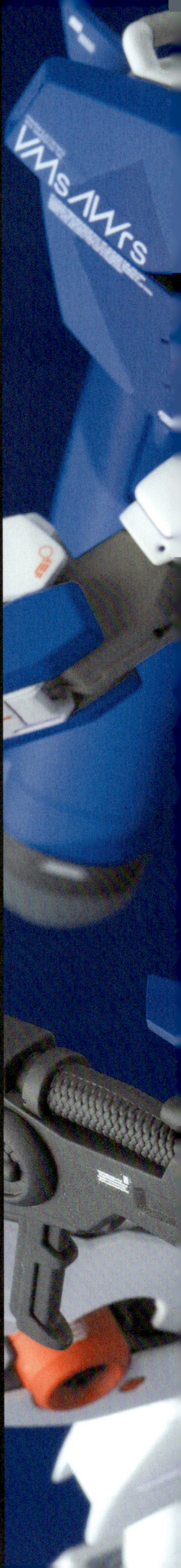

EARTH FEDERAL SPACE FORCE
/ANAHEIM ELECTRONICS "VMsAWrs"TMS

MSA-0011[Ext]

"Ex-S" GUNDAM

●ベースとなったMG Ex-Sガンダムは設定どおりの変形機構を再現しているので、尾部ムーバブルフレームもきちんと再現。こうやって背面をのぞき込んでもリアリティーがある構造を楽しむことができる。作例はGクルーザーへの変形はさせない前提で製作しているが、もともと変形するということがリアリティーの演出に大きく寄与している

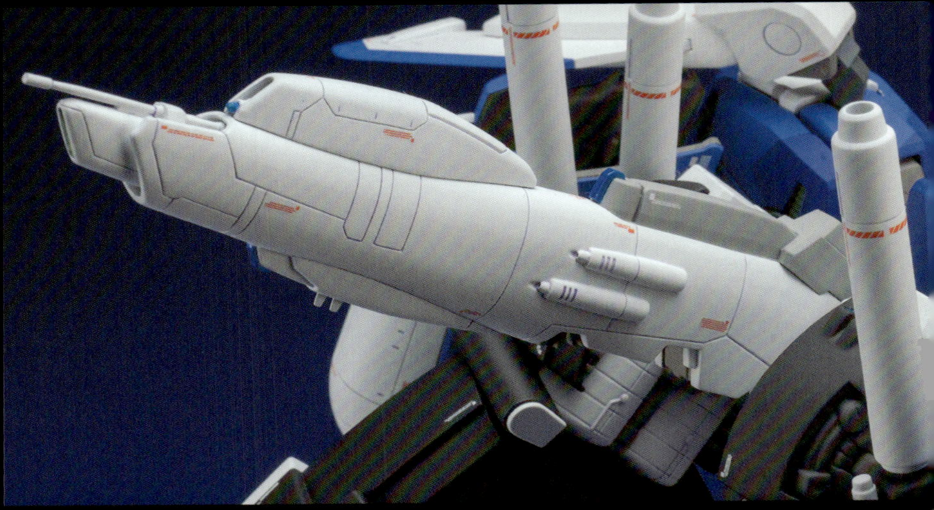

VMsAWrs

EARTH FEDERAL SPACE FORCE
/ANAHEIM ELECTRONICS "VMsAWrs"TMS

MSA-0011[Ext]
"Ex-S" GUNDAM

●塗装はリファイン版の濃淡迷彩柄をトレース。グレーのところを部分的に複数のトーンに置き換えた以外は原典をリスペクトしたものとした
●コーションマーキングは別冊『ガンダム・センチネル』を参考に、ほどほどの寸止め感を重視。ディテールがより映えるように意識し形状を選んだ

Model Graphix

ガンダム アーカイヴス

『ガンダム・センチネル』編

モデルグラフィックス編

編集●モデルグラフィックス編集部
撮影●ENTANIYA
装丁●横川 隆（九六式艦上デザイン）
レイアウト●横川 隆（九六式艦上デザイン）
丹羽和夫（九六式艦上デザイン）
SPECIAL THANKS●サンライズ
BANDAI SPIRITS

ガンダム アーカイヴス
『ガンダム・センチネル』編

発行日　2018年12月29日 初版第1刷

発行人／小川光二
発行所／株式会社 大日本絵画
〒101-0054 東京都千代田区神田錦町1丁目7番地
URL; http://www.kaiga.co.jp

編集人／市村 弘
企画／編集 株式会社アートボックス
〒101-0054 東京都千代田区神田錦町1丁目7番地
錦町一丁目ビル4階
URL; http://www.modelkasten.com/

印刷／大日本印刷株式会社
製本／株式会社ブロケード

内容に関するお問い合わせ先: 03(6820)7000 (株)アートボックス
販売に関するお問い合わせ先: 03(3294)7861 (株)大日本絵画

Publisher/Dainippon Kaiga Co., Ltd.
Kanda Nishiki-cho 1-7, Chiyoda-ku, Tokyo 101-0054 Japan
Phone 03-3294-7861
Dainippon Kaiga URL; http://www.kaiga.co.jp
Editor/Artbox Co., Ltd.
Nishiki-cho 1-chome bldg., 4th Floor, Kanda
Nishiki-cho 1-7, Chiyoda-ku, Tokyo 101-0054 Japan
Phone 03-6820-7000
Artbox URL; http://www.modelkasten.com/

ISBN978-4-499-23250-0